Elsa Esnoult

Le rêve d'une vie

Mon atelier

« Suis tes rêves : ils connaissent le chemin. »

Proverbe

IL ÉTAIT UNE FOIS, UNE PETITE *fille...*

Avec le recul, je peux dire que j'ai eu une enfance heureuse ; des parents que j'aimais plus que tout, une grande sœur avec laquelle je pouvais chahuter, une grand-mère qui me faisait à la fois rire et m'évader, un chien que je considérais comme mon petit frère, et surtout des rêves plein la tête… Le rêve de pouvoir chanter, faire des spectacles, jouer la comédie… bref, le rêve d'exister et de sortir de ce monde un peu trop banal à mes yeux.

Enfant, je m'étais imaginé un univers dans lequel je pouvais me réfugier et auquel personne n'avait accès ; il m'appartenait, c'était comme une sorte de secret.

Mon petit paradis à moi, rien qu'à moi.

J'adorais le dessin et la musique, et je passais des heures à m'adonner à ces passions.

Ma grande sœur Alice et moi en vacances au ski.

Quand je suis devenue plus grande, mon cœur de petite fille a été brisé plusieurs fois. Par ceux qui ont trahi ma confiance, par des élèves qui me trouvaient trop gentille et qui, du coup, en profitaient pour me faire de méchantes blagues en me disant « c'est pour ton bien : comme ça, tu seras moins gentille à l'avenir, parce que tu auras la haine et tu voudras te venger ». La haine, moi ? Mais pour quoi faire ? Il y avait aussi des professeurs qui m'accusaient de tricher parce que mon devoir méritait une trop bonne note.

Alors je n'avais qu'une envie, c'était de rentrer chez moi, de retrouver mes dessins et mes chansons afin d'exprimer librement ce que je ressentais. Je créais, je me plongeais dans la musique et je me sentais à nouveau en sécurité, dans mon univers.

Malgré cela, j'ai toujours choisi de rester dans le « clan des gentils », même si c'était dur, parfois. L'envie d'aider les autres me permettait de dépasser mes angoisses, et, plutôt que d'avoir « la haine » contre le monde, comme les autres élèves l'auraient voulu, j'avais « la rage » de voler au secours de ceux qui en avaient besoin.

Aujourd'hui, quand j'écris mes chansons, je pense à tous ceux qui, comme moi, ont connu des moments difficiles, mais aussi à tous ceux qui sont heureux comme je le suis aujourd'hui.

L'amour du public m'a beaucoup apporté. Il est vital pour moi. C'est comme si j'avais des amis partout en France et même dans le monde entier, et c'est toujours une joie de les rencontrer. Ils font partie de ma vie tout comme je fais partie de la leur. C'est pour eux que j'ai envie de me battre, et de gagner, pour qu'ils soient fiers de moi tout comme, enfant, je faisais de mon mieux et me battais pour que mes parents soient fiers de moi.

UN MONDE RIEN QU'À MOI

J'ai toujours été rêveuse. Je le suis depuis ma plus tendre enfance. J'adorais m'enfermer dans ma bulle, dans le cocon de la maison avec mes dessins et mes chansons… La vie m'a donné des parents bienveillants qui ont tout fait pour que je réussisse et que je sois heureuse. Ils m'ont transmis le sourire, la joie de vivre, mais j'avais malgré tout besoin de m'évader… Souvent, on disait : « Elsa est dans la lune… Elsa est sur une autre planète. » On s'amusait de mon silence et de mon regard perdu dans les nuages. Il est vrai que je parlais peu, mais j'écoutais et j'observais beaucoup le monde et les gens qui m'entouraient, comme si chacun d'entre eux était une facette de la vie à explorer dans les moindres recoins. Et je dessinais afin d'exprimer sur des feuilles de papier tout ce que je ne disais pas…

« Le vrai signe de l'intelligence, ce n'est pas la connaissance, mais l'imagination. »

Albert Einstein

Dans ma vie, le dessin a précédé le chant ; grâce à lui, je pouvais me retrouver seule avec moi-même et créer des histoires. Dans les mondes que j'imaginais, il y avait toujours de la magie, des familles nombreuses, des gens qui se retrouvent ensemble alors que tout les oppose, des princes et des princesses.

Je m'inventais une vie idyllique fondée sur le couple que je formerais avec mon prince charmant. J'ai toujours été fascinée par l'image du couple. J'avais la certitude que ma moitié existait, là, quelque part, à un endroit de la planète, et qu'un jour c'était ce garçon qui allait me retrouver…

Je rêvais de cet homme idéal qui serait toujours à mes côtés pour m'épauler, me soutenir, et bien sûr m'aimer d'un amour éternel et infaillible ; un homme capable de se battre envers et contre tout, et de mourir pour sa bien-aimée… comme Leonardo DiCaprio dans *Romeo + Juliette* !

Je rêvais aussi d'avoir **4** enfants : **2** garçons et **2** filles qui veilleraient les uns sur les autres, je rêvais d'avoir ma propre petite tribu… Et je n'ai pas renoncé à ce rêve !

MES Secrets

Mon avatar

C'est l'héroïne des histoires que j'inventais, l'idéal féminin auquel je crois que, secrètement, j'espérais ressembler. Quand je la regarde, je la trouve si belle ! Très féminine, coquette, elle a cependant un petit air sauvage et indomptable grâce aux mèches qui lui tombent dans les yeux.

Quand je dessine, je suis particulièrement sensible au regard des gens que je rencontre et de ceux qui m'entourent. C'est pour cela que j'aime dessiner les yeux de mes personnages très grands, avec de longs cils, afin de traduire au plus près l'émotion que m'inspire le personnage que je suis en train de réaliser.

Les dessins animés Disney et les héroïnes de mangas comme Sailor Moon ont guidé mon trait.

Mes dessins

DEUX DESSINS ANIMÉS QUI ONT BERCÉ MON ENFANCE

Le Roi lion

Pourquoi ?

Parce que Simba est un prince et qu'il ne le sait pas ; en tout cas, il ne veut pas le croire quand on le lui dit, comme s'il préférait sa vie plus simple, à laquelle il s'est habitué, et qu'il avait peur de faire face à toutes les responsabilités que la reconnaissance de son statut royal va engendrer. Il craint de ne pas être à la hauteur et il n'est pas conscient de sa propre valeur, de son potentiel, au point de vouloir fuir son destin de monarque.

La scène qui m'a le plus marquée

Celle où le fantôme de Mufasa apparaît dans la nuit étoilée et qu'il parle à Simba : « N'oublie pas qui tu es, tu es mon fils, et c'est toi, le roi. » Cette scène m'a bouleversée parce que c'est un message d'amour, de confiance et de reconnaissance entre un père et son fils.

Ma chanson préférée

« L'Amour brille sous les étoiles »

La Petite Sirène

Pourquoi ?

Parce que Ariel n'est pas satisfaite de son monde sous-marin alors qu'elle a tout pour être heureuse. Elle veut avoir des jambes pour courir, moi, j'aimerais avoir des ailes pour m'envoler.

La scène qui m'a le plus marquée

Celle où le prince se promenant avec son chien sur la plage tombe littéralement sous le charme d'Ariel alors qu'elle est échouée sur le sable, un simple drap lui servant de robe. Elle a beau être débraillée et muette, il ne la juge pas et l'aime déjà, au premier regard. Le véritable coup de foudre…

Ma chanson préférée

« Partir là-bas », pour l'élan de liberté qu'elle m'inspire.

LA MUSIQUE, MA MEILLEURE AMIE

Quand j'étais petite, je passais mon temps à chanter devant ma famille. Par exemple, quand ma grand-mère venait manger à la maison, je disais toujours « Je vais vous faire un spectacle » et je me mettais à chanter. Sur les vidéos que ma mère a gardées, je me revois, haute comme trois pommes, chantant des chansons à tue-tête tandis que ma sœur lève les yeux au ciel et que ma grand-mère rit. Je finissais par les épuiser à force de chanter toute la journée. J'avais déjà, je pense, ce besoin de m'exprimer à travers la musique.

La danse faisait aussi partie du spectacle.

J'écoutais sans cesse chez moi, dans la voiture, dans les transports en commun, les chansons dans lesquelles je me retrouvais le plus. J'inventais mon propre scénario, j'imaginais l'histoire que la chanson m'inspirait. J'aimais pas mal de styles : un peu pop-rock à la Avril Lavigne, ou plus romantique à la Whitney Houston, Mariah Carey ou Alicia Keys.

J'ai toujours apprécié les grandes voix et j'écoutais essentiellement des chansons en anglais. En français, les seules artistes que j'aimais bien étaient Céline Dion, Lara Fabian ou encore Julie Zenatti – toujours des chanteuses à voix ! Je les prenais pour exemples et je m'amusais à interpréter leurs chansons en karaoké, à partir des clips sous-titrés que je lançais sur YouTube. J'étais alors en train de travailler ma voix sans le savoir. Parfois, il m'arrivait d'inventer mes propres chansons. J'avais souvent des mélodies en tête, mais je ne savais pas trop d'où elles me venaient, elles arrivaient juste comme ça.

LE TEMPS DE L'ÉCOLE

Autant être honnête, l'école, je n'aimais pas, mais alors pas du tout ! Pour moi, c'était un déchirement d'y aller, parfois, je me rendais même malade pour ça. Je me souviens de ce gros sac à dos plein à craquer que je transportais de la maison à l'école, puis de l'école à la maison sans comprendre pourquoi je devais subir une telle charge.

Pendant les cours, je regardais par la fenêtre, toujours vers le ciel, pour saisir l'envol d'un oiseau ou le passage d'un nuage à partir duquel j'inventais un personnage. Je comptais les minutes et les heures, dans

↖ Mes parents ♡

l'attente de cette sonnerie bénie qui me permettrait le retour au calme, chez moi. Dès cette époque de ma vie, j'ai compris que j'avais un grand besoin de liberté.

Vers l'âge de cinq ans, j'ai été inscrite dans une école privée bilingue qui coûtait assez cher. Je ne suis pas issue d'une famille très riche, mais mes parents se sont toujours démenés pour que ma sœur et moi bénéficiions d'une bonne éducation ; ils voulaient le meilleur pour leurs enfants.

Dans cette école, je côtoyais des gens qui avaient beaucoup d'argent, beaucoup plus que moi. J'en ai fait des complexes, à tel point que je me mettais à inventer des châteaux que, bien sûr, je ne possédais pas, et je racontais à tout le monde que je vivais dans un très grand appartement… Sauf que le jour où j'ai dû inviter des copains chez moi, forcément, la réalité n'avait rien à voir. Ils ont vite considéré que je n'étais pas assez « riche » pour faire partie de leur clan. Je me suis sentie rejetée, je n'étais tout simplement pas assez bien pour eux.

J'en ai pas mal souffert et, à partir de ce moment-là, je me suis juré qu'un jour, moi aussi, je pourrais avoir cet argent qui me permettrait d'offrir une belle et grande demeure à mes parents et à ma future famille, afin de ne jamais manquer de rien – et même d'avoir assez de place pour pouvoir faire de ma maison un refuge pour les animaux en détresse.

J'ai toujours aimé les animaux.

Le mot DE...

Ma maman

« Elsa était dans la lune, sans doute parce qu'elle supportait assez mal l'école. En quelques secondes elle s'évadait dans son univers en dessinant des personnages qu'elle inventait et se recréait un monde à elle auquel nous n'avions pas accès. »

BOYS BAND

Au lycée, je traînais souvent avec les garçons ♂. Je ne préférais pas forcément leur présence à celle des filles, mais j'avais l'impression qu'il était plus facile de leur parler. Je me sentais plus naturelle avec eux parce qu'ils se prenaient tout simplement moins la tête, qu'ils rigolaient plus facilement de tout et de rien, alors que les filles ♀ avaient souvent comme occupation favorite la critique des autres. Qu'est-ce qui pouvait bien les pousser à ne parler que de ça pendant les heures de pause ? Je ne comprenais pas cette attitude. Je n'ai jamais aimé le jugement, quel qu'il soit.

En traînant avec les garçons, j'avais l'impression de faire partie d'une bande de potes qui pouvait refaire le monde sans se soucier du reste, et encore moins des autres.

TOUT EST BIEN QUI FINIT BIEN !

Ma mère, ma sœur et Itau pour mes 18 ans.

Et puis le bac est arrivé. Cet examen a été une étape décisive et libératrice, je l'appelais « mon billet pour la liberté » ! Il m'a permis de dresser un bilan positif de l'école. Je me suis aperçue que je m'en étais bien sortie : je n'avais redoublé aucune classe (tellement je refusais l'idée de rester une année de plus à l'école), j'avais obtenu l'examen final et du premier coup. Je n'étais donc pas si nulle que je l'imaginais. L'image que j'avais de moi-même s'est améliorée. J'ai gagné un soupçon de confiance en moi et cela m'a permis d'entrer à l'université le cœur léger. Voici ce que je dirais aujourd'hui à la petite fille que j'étais :

Tu vois, rien n'est éternel. Toute mauvaise chose a une fin. À présent, tu es là où tu devais être. Regarde tous ces obstacles que tu as réussi à surmonter.

L'AMOUR DE LA LECTURE

Les maths, je l'avoue, ce n'était pas du tout mon truc, et l'histoire ne m'intéressait pas. En revanche, j'adorais l'étude du français et de la philosophie, qui me permettait de me lancer dans des dissertations à n'en plus finir. En partant d'une simple question, j'aimais me torturer l'esprit pour trouver des explications sur tout… Dès le début de l'école primaire, j'étais heureuse d'apprendre à lire, de déchiffrer des récits fabuleux, j'avais l'impression de prendre un train pour partir dans une contrée lointaine. L'apprentissage de l'anglais a suscité en moi le même plaisir ; c'était la liberté de sortir de mon pays pour traverser des frontières réelles ou imaginaires.

L'Histoire d'Helen Keller

Un livre qui m'a marquée

L'histoire Helen est toute petite lorsqu'elle est frappée par une maladie grave. Elle en perd la vue, l'ouïe et la parole. Tout le monde se demande quel avenir peut avoir une petite fille comme elle. Murée dans son isolement, elle rencontre Ann, une femme qui décide de l'aider et se rend compte qu'Helen a des capacités incroyables.

Pourquoi elle m'a touchée Parce qu'il s'agit d'un récit d'espoir. Helen est emprisonnée dans sa condition, et on la voit progressivement prendre goût à la vie, accéder d'une autre façon à la beauté du monde. Ce récit a quelque chose d'exemplaire pour moi.

Ma scène préférée Helen découvre qu'on peut lire autrement qu'avec les yeux. Je me souviens du moment où Ann lui pose les doigts sur un texte en braille et où ses sensations la transportent dans le monde magique de la lecture.

GIGI : GRAND-MÈRE ET COMÉDIENNE

Ma grand-mère paternelle insistait pour que ma sœur et moi l'appelions « Gigi » et non « mamie ». Elle disait que mamie, c'était pour « les vraies grand-mères, celles aux cheveux blancs », ce qu'elle n'était pas. C'était en quelque sorte son nom de diva. Elle était belle avec ses grands yeux verts… Toujours extrêmement coquette, apprêtée et follement chic, elle adorait assortir son sac à ses chaussures, et elle me faisait rêver avec ses belles robes et ses bijoux qui brillaient de mille feux. Gigi avait été mannequin et comédienne. Elle me racontait les histoires de son passé professionnel avec une telle passion, un tel enthousiasme que j'ai très vite décidé que le métier de comédienne était fait pour moi. Tel qu'elle me le racontait j'imaginais qu'il serait la plus belle des alternatives pour échapper à un métier sans surprise qui m'aurait vite lassée. Pas de contraintes, que du bonheur ! Fini l'angoisse du train-train quotidien. Cette femme très solaire qui avait un charisme incroyable et un sacré caractère

clamait haut et fort à son entourage : « Je suis heureuse, je réussis ma vie et je la mène comme je veux », de quoi s'attirer quelques jalousies, mais elle n'avait pas trop l'air de s'en soucier. Gigi n'était pas une grand-mère facile. Elle poussait mes parents à me faire passer des castings et me regardait d'un œil sévère. Mais c'est sans doute elle qui a fait naître en moi le désir de devenir actrice…

« Regarde toujours vers le haut, jamais vers le bas. »

La devise de Gigi

LES ANNÉES FAC : LE CHOIX DE LA raison

Après mon bac littéraire, je suis entrée à la fac, avant tout pour faire plaisir à mes parents – enfin, surtout pour faire plaisir à mon père. Il tenait vraiment à ce que ses filles fassent de vraies études. J'ai choisi de passer une licence d'anglais, car c'était une de mes matières préférées, et je la maîtrisais bien. Je me disais que me perfectionner dans cette langue qui me plaisait tant pourrait me servir plus que tout le reste et m'ouvrir les portes du monde.

En mon for intérieur, je savais que les études n'étaient pas faites pour moi, que c'était provisoire, mais j'avais besoin de rassurer mes parents et de leur prouver que je prenais mon avenir en mains.

Dans la vie – surtout dans la vie professionnelle – il faut faire ses preuves, cocher des cases. J'ai donc poursuivi ces études, un peu contrainte et forcée, car je me disais que c'était plus prudent. Heureusement, l'université m'offrait un cadre plus souple que le lycée ou le collège : moins d'heures de cours, de grands amphis où on n'est pas repéré par les profs. Si on y va, c'est bien, et si on n'y va pas, personne ne s'en aperçoit. J'avais une bonne bande d'amis, nous étions complices et passions du temps ensemble à discuter et à travailler dans les cafés. Il y avait aussi des gens beaucoup plus âgés que nous qui assistaient aux cours de travaux dirigés dans les salles de cours. On y était moins nombreux que dans les amphis, où on pouvait être 400. Grâce à eux, j'ai pris conscience du fait qu'on pouvait reprendre ses études quand on le souhaitait, ce qui m'a un peu soulagée de la pression que je me mettais.

Mes amis de la fac.

J'ai passé mes examens le plus vite possible pour pouvoir suivre mon rêve et me lancer enfin dans la vie à laquelle j'aspirais. Je ne voulais avoir aucun regret. Je me disais : « C'est maintenant ou jamais, si tu veux devenir actrice, ce ne sera pas quand tu auras des enfants que tu pourras tout plaquer pour te lancer dans une formation de comédienne, alors c'est maintenant que tu peux le faire, lance-toi ! »

Quand j'en ai parlé à mon père, il m'a écoutée et a fini par accepter mon choix : « OK, c'est vrai, tu as rempli ta mission. Tu as fait tes études, tu m'as fait plaisir, alors à mon tour de te faire plaisir, je veux bien t'aider à aller vers ta passion. » Nous avons partagé un grand moment de complicité tous les deux. Il m'a aidée avec ma mère à trouver une école de cinéma et à constituer un dossier de candidature.

C'est là que mon aventure a vraiment commencé.

« Écoute ton cœur, mais ne perds pas la raison. »

Proverbe

L'ÉCOLE DE CINÉ : LE CHOIX DU CŒUR !

Je ne voulais pas faire du théâtre pur et dur, car je trouvais les textes classiques trop rattachés au passé. Les questions contemporaines me passionnent bien plus que les histoires révolues ; ce que j'aime, c'est me plonger dans le présent et l'avenir. Et puis l'idée de répéter la même pièce tous les soirs, de faire porter ma voix pour que les spectateurs du fond de la salle entendent, ne m'attirait pas plus que ça. J'avais besoin de jouer de manière plus intériorisée, de faire passer des émotions dans un regard et de ne pas avoir cette sensation de devoir surjouer. Le cinéma, et plus globalement l'audiovisuel, me paraissait bien plus adapté à mon tempérament.

Je suis allée aux portes ouvertes d'écoles de cinéma avec mes parents, et j'ai eu un coup de cœur pour l'une d'entre elles, qui accordait une place importante à l'anglais et au travail d'improvisation. Tout de suite, j'ai pressenti que l'improvisation serait une nouvelle occasion de m'exprimer, de laisser libre cours à mon imagination et d'inventer des histoires comme quand j'étais petite. J'ai donc passé l'audition et j'ai été admise.

Dès le début des cours, on nous a prévenus : « La réussite dans ce métier dépendra uniquement de vous et de vos rencontres. On ne peut pas vous assurer que vous aurez tout de suite des rôles à la sortie de cette école. » Cela ne m'a pas surprise : je n'étais pas habituée à avoir tout, tout cuit, dans le bec, et pour moi il ne faut jamais attendre qu'un miracle nous tombe dessus : il faut le provoquer. J'ai grandi avec l'idée qu'on n'a jamais rien sans rien, il faut donc ne compter que sur soi-même et se donner les moyens de réussir.

APPRENDRE À S'EXPRIMER

Les cours de théâtre que j'ai suivis pendant mon cursus m'ont obligée à faire un gros travail sur moi. Grâce à eux, j'ai pu apprendre à m'exprimer avec des mots et des gestes, à accepter d'être le centre de l'attention d'un public, ce qui m'était jusque-là extrêmement difficile. Avant, lorsqu'un professeur me posait une question à l'école et que je sentais tous les regards sur moi, je me bloquais : trop peur de me tromper, trop peur des moqueries. Je n'osais pas répondre, même si, très souvent, j'avais la bonne réponse. Par manque de confiance en moi, je préférais m'effacer.

Avec le théâtre, j'ai appris à ne plus avoir peur du jugement des autres et à accepter de me montrer telle que j'étais.

« Soyez vous-même, les autres sont déjà pris. »

Oscar Wilde

Anecdote...

Tous au même niveau

Je me souviens qu'au tout début de ces études de cinéma on nous a demandé de nous habiller sobrement, en noir, et d'entrer dans une pièce sombre tendue de rideaux couleur encre. On nous a invités à nous installer en cercle autour d'une chaise et à nous concentrer sur nos pensées en silence, en oubliant les autres. Puis, un par un, nous avons dû nous approcher de la chaise et imaginer qu'il s'agissait d'une personne, celle à laquelle on avait envie de parler.

Le professeur a posé la question suivante : « Qu'as-tu envie de lui dire, à cette personne en face de toi ? »

Pour moi, c'était terrible de me retrouver au milieu d'un cercle de personnes qui m'observaient. Au début, ma gorge était nouée, mais je ne pouvais plus me cacher, alors le masque est tombé. J'avais envie de combattre mes peurs, alors je me suis concentrée pour essayer de libérer ces émotions enfouies en moi. Mes larmes ont commencé à couler. Progressivement, j'ai oublié le regard des autres tandis que les mots se déversaient. Et, lorsque j'ai repris ma place dans le groupe, j'ai senti qu'un poids avait été retiré de mes épaules.

À travers cet exercice et en observant mes camarades, j'ai pu voir que nous vivions tous la même chose, chacun de nous avait un passé plus ou moins lourd et des souffrances qui ne cherchaient qu'à s'exprimer.

Je n'avais plus à avoir peur d'être jugée : nous étions tous au même niveau.

Comment JE FAIS pour...

Chasser mes peurs

1re étape : je prends le temps, au calme, de faire une liste de mes peurs sur une feuille.

2e étape : je lis ma liste à voix haute devant des gens de confiance.

La liste de mes peurs

- Moi : je manque cruellement de confiance en moi
- L'enfermement, ne plus avoir de sentiment de liberté
- Ma mort et celle de ceux que j'aime
- L'abandon
- La trahison
- Ne jamais avoir d'enfant

Cette liste ne m'a pas permis de me débarrasser de ces peurs, mais elle m'a conduite à en prendre conscience en les nommant.

Avant, je n'arrivais pas à mettre d'images ou de mots sur mes angoisses. J'ai mûri et je sais davantage les gérer, et j'ai surtout des armes pour me défendre dans la vie. Le théâtre a contribué à me faire gagner un peu plus de confiance en moi, mais c'est surtout mon public qui m'a donné envie de me défendre, et de le défendre…

Dorénavant, je ne me vois plus comme la petite fille fragile embêtée par ses camarades, mais comme une grande sœur bienveillante, capable aussi de protéger les autres.

MES *Secrets...*

Étudiante... mais pas seulement !

En même temps que mes études de théâtre, pour ne pas être une charge pour mes parents, j'ai fait des petits boulots pour gagner ma vie. J'étais vendeuse aux Galeries Lafayette, je m'occupais des vestiaires dans des boîtes de nuit, j'étais hôtesse d'accueil dans des soirées... J'étudiais le jour à l'école et j'enchaînais avec ces jobs alimentaires la nuit, c'était un rythme épuisant. Je me souviens encore de ces chaussures à talons très hauts qu'on était obligées de mettre pour paraître plus « présentables » aux yeux des autres. Je rentrais au petit matin les pieds en sang tellement j'avais souffert parce que je n'avais pas le droit de m'asseoir. Ça n'a pas été une période facile mais, au moins, j'avais l'impression de m'assumer.

LES PREMIERS CASTINGS

Après l'école de cinéma, j'ai dû chercher assez rapidement un agent artistique, car il est difficile d'obtenir de bons castings sans cet intermédiaire. Grâce aux nombreux courts-métrages qu'on avait faits dans cette école, j'avais de la matière à présenter lors d'entretiens dans les agences de comédiens.

J'ai passé quelques auditions, mais sans grand succès : je n'étais pas très à l'aise. Il faut dire que la mise en scène d'une audition est plutôt angoissante ! Je n'avais pas de problème pour le texte que je devais apprendre, mais je ne me sentais pas à ma place. Dans les salles d'attente des auditions, les gens se connaissaient déjà tous et, quand venait mon tour, j'avais la sensation que, derrière leurs grands sourires, ils me jugeaient, que je dérangeais. Je pense que je n'étais tout simplement pas encore prête. Malgré cela, on m'a retenue pour des petits rôles dans la série *Chante !* (France 2) et dans *Clem* (TF1), où je jouais la fille qui séduit le compagnon de l'héroïne. Je ne me reconnaissais pas dans ces personnages qui sont à l'opposé de ce que je suis, mais cela fait aussi partie du métier et c'est un bel exercice de pouvoir jouer ce que l'on n'est pas.

Comédien, c'est le seul métier au monde où tu peux avoir l'impression d'avoir plusieurs vies : à chaque rôle que tu joues, ton personnage, sa psychologie, son histoire et son mode de vie changent.

LES RISQUES DU MÉTIER

Il arrivait que je passe plusieurs étapes de sélection et qu'à la dernière, on me fasse comprendre que si je voulais le rôle je devais « être gentille » ; il aurait fallu que j'accepte certaines choses… Cela m'a dégoûtée, c'était hors de question pour moi.

Et puis quoi encore ?! Si je devais être sélectionnée un jour, ce serait parce qu'on aurait cru en moi, et pas pour de mauvaises raisons qui me répugnaient au plus haut point.

LA TÊTE DANS LES ÉTOILES... MAIS LES PIEDS SUR TERRE !

Les premiers castings n'étant pas très concluants, je n'obtenais pas de rôle, j'allais d'échec en échec, si bien que mon moral baissait et que j'ai commencé à douter sérieusement... **Ce milieu était-il vraiment fait pour moi ?** Alors, pour rassurer mes parents et me rassurer moi-même, j'ai pris la décision de suivre une formation d'**hôtesse de l'air**, en plus de mes petits boulots. Je ne renonçais pas à mes rêves, mais je gardais la réalité à l'esprit. Je devais absolument assurer mes arrières pour avoir un toit au-dessus de la tête et de quoi me nourrir.

Aujourd'hui encore, je suis convaincue qu'il faut croire en ses rêves mais qu'il est essentiel de garder toujours les pieds sur terre. Il faut se donner les moyens de s'offrir la vie dont on rêve et de se battre pour ça, sinon on reste dans la galère en se berçant de l'espoir qu'un jour on aura le rôle de sa vie. Mais ce rôle ne vient pas tout seul, il se mérite, se cherche, se gagne. L'espoir est une force très puissante, mais il doit toujours être accompagné d'action.

J'ai donc suivi une formation d'hôtesse de l'air avec Air France qui consiste à la fois en une formation de pompier et d'infirmière.

C'était plutôt sympa, hormis le fait qu'ils passaient leur temps à nous montrer des crashs d'avion et quoi faire en cas de problème. Il est évident qu'être hôtesse de l'air ce n'est pas juste sourire aux clients et leur apporter des cafés !

Une fois mon diplôme d'hôtesse de l'air obtenu, je me suis dit : « Soit je monte dans les avions et je ne serai jamais artiste, soit je tente ma chance une dernière fois. »

« Ne laisse personne te convaincre que tes rêves sont trop grands. »

Proverbe

CHANGEMENT DE CAP : LE CANADA

J'avais vingt et un ans, j'étais tiraillée par un choix douloureux : la sécurité de l'emploi ou ma vocation artistique ? Je ne me sentais pas prête à choisir, pas encore. Alors que j'étais en pleine réflexion, un de mes amis, Pilou, qui était parti faire ses études au Canada, m'a invitée à le rejoindre.

C'était le moment idéal pour un grand voyage : lors des castings, je parvenais à véhiculer des émotions, mais je sentais qu'il me manquait une authenticité et une franchise qui ne pouvaient s'affirmer qu'en acquérant une expérience en dehors du cocon familial. Il fallait donc tout plaquer, et partir loin. J'étais prête à prendre mon envol et à grandir encore.

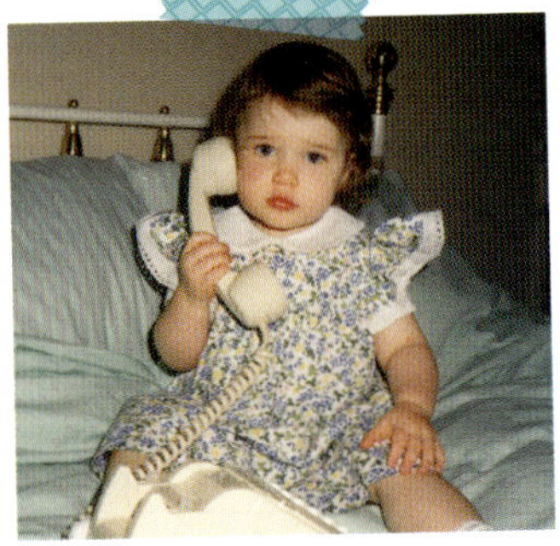

↑ Allô, maman ? Tu me manques ! Mais je m'amuse beaucoup ☺

C'était donc parti pour Montréal ! Mais je n'y suis pas allée les mains dans les poches : je me suis inscrite à une école d'anglais pour me perfectionner encore plus et surtout ne pas perdre de temps. Mon but n'étant pas de ne rien faire, je voulais absolument me fixer des objectifs plutôt sympas, et que j'avais choisis, pour ne pas trop m'éparpiller une fois là-bas.

LA VIE EN COLOC

C'était la première fois que je quittais mon pays seule, aussi longtemps. Une fois sur place, j'ai intégré la colocation de mes amis rue Duluth, en bas du mont Royal. Après mon enfance assez solitaire, j'ai pu découvrir la vie en communauté. On était huit dans l'appartement : Alex, JM, David, Roxana, Pilou, Thomas, Kim et moi. Il fallait faire les courses, le ménage, se retrouver pour manger, regarder des films ensemble avec des pizzas et des pop-corn jusqu'à pas d'heure, sans qu'on se fasse crier dessus pour avoir sali le canapé. La vie de jeunes, quoi, mais avec des responsabilités. J'ai également dû apprendre à me débrouiller chaque jour dans un pays étranger. Mais la présence de mes amis m'aidait à ne pas me sentir isolée ou perdue. Je baignais dans un univers à la fois rassurant et responsabilisant, ce qui m'a permis de devenir adulte plus vite.

Les trois mois que j'ai passés dans cette coloc m'ont enrichie humainement. Je me suis rendu compte que le bien-être de mes amis était essentiel pour moi : je faisais régulièrement le ménage et la vaisselle pour qu'ils se sentent bien quand ils rentraient le soir après leurs cours, je voulais prendre soin d'eux.

Avec mes amis en plein bain de soleil au Mont Royal.

PRÊTE POUR LE RETOUR

J'ai été touchée par la gentillesse des Québécois, ce pays était parfait pour accueillir mon premier voyage. Au moment de rentrer en France, je me sentais prête à affronter la vie et ma carrière avec plus de recul. J'ai alors pris une décision importante : j'allais passer un dernier casting et, si j'échouais, je renoncerais au métier de comédienne mais **le cœur lourd.**

Être artiste passionné est à double tranchant : c'est une chance merveilleuse parce qu'elle donne un sens à notre vie, mais cela peut aussi nous transformer en martyr de notre propre vie, car si on ne pratique pas notre passion on s'enferme dans la souffrance et la frustration.

Anecdote…

Une Française à Montréal

Quelques jours après mon arrivée, je repère le bus que je dois prendre en train d'arriver, je me mets à courir de peur de le louper, et je sens la main de Pilou me retenir par mon sac à dos et me stopper net : « Qu'est-ce que tu fais ? Ici, c'est pas comme à Paris, où on pousse les autres pour être sûr de rentrer ; ici, on fait la queue, comme tout le monde. » Et il me montre du doigt la longue file de gens qui attendaient patiemment que ce soit leur tour de monter. J'ai adoré ce respect de l'autre à Montréal, cette façon de vivre changeait tellement du caractère individualiste parisien auquel j'étais habituée depuis toujours.

Mon souvenir culinaire le plus marquant : la poutine, plat composé de frites, de cheddar fondu et d'une sauce brune.

Mon petit plaisir : me promener le soir entre amis dans les rues de Montréal, où la musique s'échappe des bars dansants. C'est une ville étudiante tranquille où on se sent en sécurité à n'importe quelle heure. Cette ville est très riche au niveau culturel, on y trouve beaucoup de musées et d'expos, et, l'été, il y a pas mal de concerts gratuits un peu partout.

FRISSONS À NEW YORK

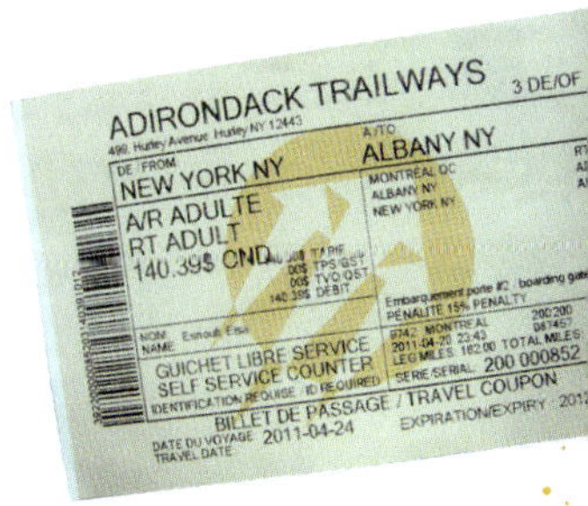

J'ai le souvenir très marquant d'un week-end que j'ai passé avec Pilou et David. Nous n'avions pas beaucoup d'argent, mais ils avaient très envie de me faire découvrir New York le temps d'un week-end, alors nous avons voyagé en car de nuit.

Nous arrivons au petit matin et passons la journée à nous balader dans les rues de la ville. C'est la première fois que je viens à New York, et ma nuque devient douloureuse tant je m'émerveille de la hauteur des buildings constellés d'écrans géants. La tante d'un de nos amis, absente, nous a prêté son appartement en ville ; le soir venu, nous nous y rendons. C'est un

appartement perché au dernier étage d'un très vieil immeuble délabré.

Déjà, dans la cage d'escalier, la peinture se décolle des murs, le bois des marches craque sous nos pas et l'éclairage est défaillant.

Une clé nous attend sous le paillasson. Nous découvrons alors ce petit appartement tout en gris : les murs sont gris, la moquette aussi. Au mur, chose étrange, une série de tableaux représentant tous la même chose : une tête de veau. Pilou nous explique que la tante du copain en question est une artiste. Nous posons nos sacs et, quelques minutes plus tard, des bruits étranges commencent à retentir. Je ne suis pas rassurée, mais on rigole, un peu gênés. Quand les plombs sautent et que toutes les lumières s'éteignent, je suis convaincue que je ne suis pas la seule à être effrayée.

Nous fouillons les tiroirs à la recherche de bougies, et cette nouvelle lumière tremblotante éclaire les murs d'une façon inquiétante. Les têtes des veaux sont à présent menaçantes : la lueur des flammes rend leurs yeux globuleux, des craquelures se révèlent à la surface des toiles. L'atmosphère est sinistre, d'autant que nous continuons d'entendre des bruits étranges dans tout l'appartement. Nous nous séparons, chacun va dans une chambre pour dormir. Soudain on entend David crier : « Je ne peux pas dormir tout seul, il y a des trucs trop chelou dans cet appart ! » Nous décidons alors de dormir tous dans ma chambre, mais, au moment où je me retourne pour attraper une couverture, je m'aperçois qu'un autel de la taille d'une maison de poupée est dressé derrière moi : en son centre, la statuette d'une sainte en porcelaine. Ses yeux pleurent des larmes de sang. Terrifiés, nous nous serrons les uns contre les autres, le cœur battant à cent à l'heure, et attendons impatiemment l'aube pour déguerpir au plus vite de cet endroit angoissant. Je me demande encore aujourd'hui ce qui a bien pu se passer cette nuit-là…

MES Secrets…

J'ai toujours été passionnée par le monde du paranormal

Petite, je ressentais des choses autour de moi sans vraiment pouvoir l'expliquer, j'avais l'impression que l'on vivait dans un monde mais qu'on n'en possédait pas toutes les clés, les clés de ses mystères. Je voyais des choses dans les yeux d'une personne sans qu'elle ait besoin de les dire et de se confier à moi : je pouvais savoir ce qu'elle ressentait ou ce qui allait se passer. Souvent, la nuit, je faisais des rêves prémonitoires, mais cette capacité m'a amenée à me renfermer encore plus sur moi-même. C'étaient des choses que je pouvais éventuellement raconter, mais ça effrayait les gens qui les entendaient… Alors j'ai essayé de m'éloigner de ce monde un peu trop étrange à leurs yeux.

LE CASTING QUI A TOUT CHANGÉ

Au moment où j'ai passé le casting pour *Les Mystères de l'amour*, je n'y croyais plus. En rentrant du Canada, lorsque mon agent de l'époque, Angy, m'a proposé un casting suite à un coup de fil d'Ariane Carletti (oui, la fameuse Ariane du Club Dorothée) je lui ai dit : « Celui-là, ce sera le dernier, après j'arrêterai définitivement. » Comme j'étais sur le point d'abandonner, je n'avais plus rien à perdre, et suis donc allée à ce casting plus détendue que jamais. J'ai annoncé d'emblée que j'étais comédienne et chanteuse. Alors, Ariane m'a lancé : « **Ah, t'es chanteuse ? Ben, vas-y, chante !** », et j'ai interprété la chanson *Hurt* de Christina Aguilera.

À ce moment-là, coup de chance, quelqu'un a frappé à la porte : Jean-Manuel Dupont, producteur qui travaillait aussi chez JLA Productions et qui s'occupait de la série musicale *Dreams : 1 rêve, 2 vies*. « Excusez-moi, j'adore votre voix. Je voulais voir à qui elle appartenait, car je suis en train de faire une série autour du chant. Êtes-vous disponible demain pour une audition ? » Je comprenais à peine ce qui m'arrivait, mais j'ai répondu avec un immense sourire : « **Oui, bien sûr !** »

Une semaine plus tard, j'apprenais que j'étais prise dans *Les Mystères de l'amour*, non pour le rôle pour lequel j'étais venue auditionner à la base, mais pour celui d'un nouveau personnage ! Suite à mon casting, Jean-Luc Azoulay, l'auteur et producteur de la série, avait apparemment été inspiré par ma voix, ce qui lui avait donné envie d'écrire un rôle de chanteuse. Fanny est donc née avec moi. Et, à partir de ce moment-là, j'ai commencé à me sentir exister.

J'ai d'abord commencé à tourner dans *Les Mystères de l'amour* car tout a démarré très vite. *Dreams* s'est fait plus tardivement : c'était une série qui n'était pas encore installée, il fallait finir les nombreuses étapes de sélection, chant, danse, comédie, et nous étions très nombreux sur le coup. Pendant une audition, Dove Attia, compositeur et producteur de comédies musicales, qui travaillait pour la série, a déclaré que j'étais mélodiste et que j'avais un talent inné. Ces mots m'ont donné confiance, je me disais que je ne m'étais pas trompée de voie et que j'étais réellement faite pour ça. Cette idée me comblait pleinement.

Leçon de vie

J'ai toujours cru en ma bonne étoile et je fais confiance au destin : je me dis que si c'est écrit alors ça arrivera, peu importe le chemin.

Comment JE FAIS pour...

Me préparer à passer un casting

– Je m'habille sobrement. Si on souhaite se rajeunir, mieux vaut privilégier des couleurs claires. Inversement, pour se vieillir un peu, on choisira plutôt des vêtements sombres.

– Je dégage bien mon visage et évite le maquillage. Il faut que le réalisateur qui verra votre essai puisse visualiser tout ce qu'il est possible de faire avec votre visage. Avec du maquillage, on porte déjà un masque, on nous met déjà dans une case, on laisse moins de choix à celui ou celle qui est susceptible de nous sélectionner.

– Je connais mon texte par coeur pour ne pas avoir à me concentrer dessus. La fluidité est essentielle lors d'un casting. Pas besoin que le texte soit dit au mot près, il faut cependant qu'il paraisse naturel à l'interlocuteur. Pour incarner librement un personnage, on ne peut pas se permettre d'être enfermé dans un texte qu'on ne maîtrise pas bien.

– Je fais le vide autour de moi. Oublier qui on est en se concentrant uniquement sur le personnage. Il faut être ce personnage. Si je joue le rôle d'une femme qui vient de perdre son mari, par exemple, il faut que je travaille avant tout sur l'état émotionnel dans lequel j'imagine que cette femme se trouve.

– Je me recentre en prenant possession du lieu. Je respire et sens mes pieds qui s'ancrent dans le sol. J'magine que des racines poussent sous mes chaussures et s'enfoncent dans la terre.

– Je pense aussi qu'un fil transparent part du haut de mon crâne et me tire vers le ciel. Ces deux directions – vers la terre et vers le ciel – sont essentielles pour se sentir à sa place.

En cas d'oubli de texte, mieux vaut reformuler à sa façon et préserver la fluidité que de s'arrêter, bafouiller et s'excuser.
Il faut retranscrire une situation de la vie réelle, et dans la réalité on n'apprend pas un texte avant de parler. Il faut donc donner l'impression que le texte vient profondément de nous.

« Choisissez un travail que vous aimez et vous n'aurez pas à travailler un seul jour de votre vie. »

Confucius

LE DÉBUT DE LA GRANDE *aventure*

On me donne enfin ma chance et je reprends espoir. Après les échecs de castings, les fausses joies et les épisodes pilotes tournés bénévolement et pour lesquels je sacrifiais mes vacances, je découvre enfin le plaisir d'être sur un plateau de tournage ! On m'a engagée pour quinze jours sur *Les Mystères de l'amour*. Cette série est la suite d'*Hélène et les garçons* : vingt ans plus tard, la bande d'étudiants qui se réunissaient à la cafétéria de la fac a vieilli. Aujourd'hui, ce sont des adultes, certains d'entre eux ont des enfants. Lorsque j'étais petite, je regardais *Hélène et les garçons* et j'étais en admiration devant cette fille romantique aux longs cheveux avec sa guitare. Hélène Rollès, à la fois actrice et chanteuse, représentait pour moi un idéal à atteindre. Lorsque j'ai rencontré l'équipe, j'ai été projetée dans le passé et, pendant un bon moment, je suis restée très intimidée par ces acteurs qui étaient les stars de mon enfance.

« Il est temps de vivre la vie que tu t'es imaginée. »

Henry James

À mes débuts, je tournais surtout avec des hommes : Patrick Puydebat, Philippe Vasseur et Sébastien Roch. Ils m'ont accueillie à bras ouverts et ont tout de suite été gentils, drôles et rassurants. Ça m'a mise en confiance et, quinze jours plus tard, j'ai appris que Jean-Luc Azoulay, le producteur de la série, trouvait que mon rôle fonctionnait bien et qu'il voulait que je reste, pour mon plus grand bonheur.

FANNY & MOI

Au début, lorsque Fanny arrive dans la série, elle traîne avec deux voyous qui cherchent un local pour faire de la musique. Dans la première scène, le personnage de José, incarné par Philippe Vasseur, accoste Fanny, ce qui donne lieu à une embrouille avec les deux voyous. Dans les épisodes qui suivent, le couple à trois que forment Fanny et les deux voyous va semer la pagaille dans le village. Sans scrupules, ils cambriolent des lieux, font du tapage nocturne et créent un climat d'agression. Tout change lorsque Fanny rencontre Christian et tombe amoureuse de lui.

Fanny est une jeune rockeuse qui a été adoptée tout bébé. Son père adoptif l'élève seul. Quand Fanny arrive dans la série, elle a vingt ans à peine. Elle n'a jamais connu ses parents biologiques, et lorsqu'elle part à leur recherche cela se solde par un échec. En plus, son père adoptif est souvent absent à cause de ses tournées, ce qui fait de Fanny une jeune femme sensible qui peut être aussi forte qu'elle est fragile. Avec Christian, elle est une grande amoureuse : jalouse et possessive… mais pour de bonnes raisons !

Au fil des épisodes, je me suis battue

pour que Fanny devienne une femme à mon image. La plupart du temps, quand on passe un casting, on ne connaît ni le producteur ni l'équipe, et eux-mêmes ont très peu d'informations sur la personnalité de l'acteur qu'ils vont accueillir. Le personnage que je jouais dans la première saison est très loin de moi : la Fanny du début est dans un triangle amoureux et elle drague presque tous les hommes de la série. On ne peut pas faire plus éloigné de ce que je suis ! Quand Jean-Luc Azoulay, le producteur, a intégré des chansons à la série, je lui ai dit : « J'écris des chansons d'amour, j'écris avec mon cœur et je ne peux pas chanter l'amour si j'ai une image de peste. » Fanny a donc dû évoluer et s'assagir, ce qui m'a enchantée. Dans mes textes, je suis obligée d'être vraie et j'avais besoin qu'on le ressente... La Fanny d'aujourd'hui, gentille, douce et fidèle, me ressemble beaucoup plus que la précédente. Je suis consciente qu'un rôle reste un rôle, et si j'avais dû jouer la peste longtemps pour la série je l'aurais fait, car c'est mon métier de comédienne d'incarner plusieurs styles de personnage, mais en l'occurrence on avait envie de faire naître la chanteuse que j'étais au fond de moi au travers de cette série. Il fallait donc que Fanny me ressemble.

FANNY & CHRISTIAN

Le couple que Fanny forme avec Christian a très vite fonctionné, naturellement, parce que je me suis tout de suite entendue avec Sébastien : notre entente est authentique. Sébastien est un homme qui a un grand sens de l'humour, il me fait énormément rire sur le plateau ! S'il ne fait pas de blagues, c'est forcément qu'il ne va pas bien, et je repère très vite quand quelque chose cloche car, chaque fois qu'on se retrouve, nos premiers échanges sont toujours chahuteurs. Il m'a appris à avoir plus de répondant, ce qui fait qu'aujourd'hui je n'ai aucun mal à le charrier. Il me dit même qu'il adore que je lui réponde ! Il joue les hommes irrésistibles, se pavane en faisant le coq, mais en fait il n'attend qu'une chose : qu'on le rassure. Sa simplicité et son humilité me touchent beaucoup. Et surtout j'admire qu'il n'ait pas peur du ridicule ! Il est arrivé que son goût pour les blagues provoque quelques chamailleries : nous nous sommes déjà disputés sur le plateau parce que j'essayais de me concentrer sur une scène difficile durant laquelle je devais pleurer et qu'il faisait le clown hors champ pour me déstabiliser. Dans ces moments-là, grâce à notre entente sincère, nous pouvons nous exprimer en toute franchise et nous réconcilier facilement.

Lorsque nous retrouvons notre sérieux, nous partageons une grande complicité émotionnelle. Il m'a présenté son fils de dix-sept ans, avec lequel je m'entends très bien. Je le trouve sensible et intelligent. Sébastien m'en parle souvent ; c'est la prunelle de ses yeux.

Sur le plateau, nous nous soutenons l'un l'autre. Si une réplique me pose problème, Sébastien fait tout pour m'aider à l'interpréter. Il change de ton, essaie de me guider avec douceur. Et, lorsqu'il doute de lui, je suis là pour le rassurer. Il parle toujours de moi en bien, ce qui est rare dans ce milieu. Chacun veut être dans la lumière et se garde bien de faire de la place aux autres. Avec Sébastien, c'est très différent, et, si les émotions crèvent l'écran, c'est parce qu'elles sont vraies, tout simplement. Il y a une superbe connexion entre nous deux, et c'est pour cela, je crois, que le couple Fanny-Christian est si touchant. Nous-mêmes y sommes profondément attachés.

Le mot de... Sébastien Roch

« Lorsque Elsa est arrivée sur le tournage de la série, j'ai eu un véritable coup de cœur : j'ai été bluffé par sa présence et son charisme. Ce premier ressenti a été renforcé quand nous avons commencé à jouer ensemble. Elsa est une partenaire exceptionnelle ! Tout relève de l'évidence entre nous. »

DANS LES COULISSES

Lorsque j'étais petite, le métier de comédienne m'apparaissait à travers le prisme de ma grand-mère Gigi. Elle le dépeignait comme un monde merveilleux dépourvu de contraintes. J'étais également sous le charme de personnages féminins des séries américaines que je regardais. Katie Holmes, héroïne adolescente de *Dawson*, et Shannen Doherty, une des trois sorcières de *Charmed*, me faisaient rêver. Tout me paraissait plutôt simple et évident dans cette carrière, hormis le fait de devoir pleurer sur commande ! En commençant ce métier, je me suis rendu compte que l'épanouissement et la facilité venaient avant tout de l'amour que l'on met dans ce que l'on fait. Cela reste un métier qui comporte des obligations, des horaires, des difficultés… mais je surmonte chaque obstacle que je rencontre grâce à la force de ma passion.

Comment je fais pour…

Astuces de comédienne

Apprendre mon texte

Les journées de tournage sont très denses sur *Les Mystères de l'amour*. Quand on est nouveau sur la série, il faut absolument connaître toutes ses séquences par cœur, sinon on est très vite perdu, vu le rythme auquel on tourne et la vitesse à laquelle on doit enchaîner les scènes. C'est un peu l'usine. Il faut se contraindre à travailler en amont pour pouvoir ensuite se concentrer sur son jeu. Au début, ce n'était pas simple, mais je m'y suis vite habituée. Soucieuse de bien faire et de toujours donner satisfaction, j'ai appris à gérer ce rythme de travail en connaissant toujours mes textes pour ne pas ralentir l'équipe. Maintenant, avec plus d'expérience après ces six années, il est évident que je connais mon rôle par cœur et que tout devient beaucoup plus naturel. J'apprends mes séquences en cinq minutes.

Pleurer sur commande

Un acteur doit rechercher les émotions qu'il a déjà éprouvées afin d'être au plus près de la vérité. C'est en allant à la rencontre de mon passé et de mes souffrances intérieures que j'ai réussi à pleurer. En réalité, ce ne sont jamais de fausses larmes. Parfois, ça n'a aucun rapport avec la séquence qui est tournée, mais j'arrive à créer un lien. Comme je suis concernée par l'histoire et très émotive, cela vient facilement. Plus le temps passe, plus c'est simple. Il faut engager un vrai travail sur soi pour réussir à faire émerger ses ressources au bon moment. Je ne joue pas uniquement avec ma tête, mais aussi avec mon cœur, mon corps. Pour moi, les larmes sont toujours vraies, je n'ai jamais eu besoin de tricher là-dessus.

« Un bon acteur sait mettre de l'émotion dans l'action et de l'action dans l'émotion. »

Charlie Chaplin

Anecdote...

Les dessous de la demande en mariage

Je savais que Christian devait demander Fanny en mariage, mais, volontairement, je n'ai pas voulu lire la séquence avant d'entrer sur le plateau. Je voulais me mettre dans la peau et les conditions de quelqu'un qui vit une telle surprise. Naturellement, quand c'est arrivé, je me suis mise à pleurer parce que je rêverais que ça se passe comme ça pour moi aussi !

À QUOI RESSEMBLE UNE JOURNÉE DE TOURNAGE ?

Réveil à 5 h 30 : Je passe une heure dans la salle de bains, le temps de me réveiller et de me maquiller. Je ne pars jamais avant d'avoir bu une tasse de chocolat en poudre avec du lait de soja. Cette saveur de l'enfance m'est indispensable pour bien démarrer ma journée.

6 h 30 : Je monte dans ma voiture et c'est parti pour une heure de trajet. J'ai déjà réglé la question des costumes avec les

costumières et je les transporte avec moi dans ma petite valise pendant toute la durée du tournage. Je l'ai avec moi, ce qui me sécurise. Les tournages se déroulent là où sont plantés les décors : à Cergy-Pontoise, en région parisienne, et parfois à La Plaine-Saint Denis, lorsque les scènes que je dois tourner se passent dans le studio de musique, le fameux studio son. Mes deux décors principaux sont l'appartement de Christian et le studio.

7 h 30 : Lorsque j'arrive sur le plateau, je file direct au HMC – un sigle qu'on emploie dans le jargon pour « habillage, maquillage, coiffure ». J'y passe une demi-heure. On me fait des retouches pour le maquillage (j'ai déjà fait l'essentiel chez moi) et on me coiffe.

9 h : On installe le micro, et c'est parti ! On fait deux répétitions sur le plateau, et ça tourne. À partir de là, on enchaîne les scènes. Cela représente vingt-deux séquences par jour ; il faut compter une journée et demie de tournage pour un épisode, soit deux épisodes tournés par semaine.

12 h : Pendant la pause-déjeuner, on se retrouve tous ensemble pour manger et discuter. La règle d'or est la suivante : « **On ne parle pas de boulot.** » Il y a une atmosphère amicale, puisqu'une bonne partie de l'équipe se connaît depuis très longtemps grâce à *Hélène et les garçons*. Les déjeuners se déroulent sous le signe de la camaraderie et de la confidence.

De 13 h à 20 h : On reprend les séquences jusqu'à la fin de la journée. On ne finit pas avant 20 heures quand tout se passe bien. Comme tout le monde le répète dans le milieu : une journée de travail, on sait quand ça commence mais on ne sait jamais quand ça se termine !

Il nous est arrivé de tourner à Saint-Martin, et c'est un vrai bonheur de faire notre métier au soleil ! C'est un peu comme une colonie de vacances : on part en bande, on dort tous au même endroit et on passe notre temps libre ensemble ! Cela contribue à nous souder et à entretenir la bonne ambiance au sein de l'équipe.

MES VŒUX DANS UN BRACELET

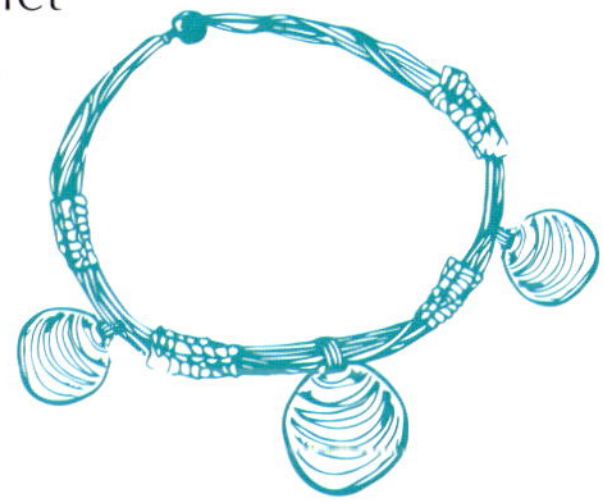

J'ai rapporté d'un voyage au Mexique un bracelet en tissu turquoise, tressé à la main et orné de petits coquillages blancs. Au moment de le nouer autour de mon poignet, j'ai fait deux vœux – chaque vœu étant représenté par un nœud. Ce bracelet m'a accompagnée pendant près de cinq ans, et chacun des vœux s'est réalisé. Au moment où j'ai fait ces vœux, il m'était plus facile de les rêver que de les vivre. Le bracelet a représenté ce lien entre moi et mes souhaits, me les rappelant sans cesse. Je vais les dévoiler ici…

Le premier était… de vivre de ma passion ! Le deuxième, qui va peut-être vous sembler anecdotique, était de rencontrer le jeune acteur du film *Sixième Sens*, Haley Joel Osment. Lorsqu'il a joué dans ce film, il avait dix ans : le même âge que moi à cette époque. Je me souviens d'avoir été très impressionnée par son jeu et je m'étais sentie sincèrement concernée par son personnage. Il jouait le rôle de Cole, un enfant qui peut percevoir des phénomènes auxquels les adultes n'ont pas accès et notamment dialoguer avec les morts. Je me suis beaucoup identifiée à la capacité qu'avait Cole de saisir des choses que les autres ne ressentent pas. J'ai insisté auprès de mes parents pour aller au Festival du cinéma américain de Deauville car il y était présent et j'ai ainsi pu réaliser mon deuxième vœu !

LUMIÈRE *sur...*

TOUJOURS LÀ POUR TOI

Toujours là pour qui ? Chacun peut s'identifier comme il veut et mettre qui il veut derrière ce « toi », mais, quand j'ai écrit cette chanson, je m'adressais directement à ma passion et à mon métier.

« J'apprends à marcher seule
Sur la route de mes pensées.
Même si je vais seule,
Je serai seule à t'aimer.
J'apprendrai tout, toute une vie m'attend.
À présent, je saurai tout
Parce que tu es droit devant. »

En tête-à-tête avec moi-même

Dans ce métier, on est très entouré, mais on reste seul face à la création. Même lorsqu'on partage sa vie avec quelqu'un, on ne peut pas partager complètement sa passion. Personne ne me donne de conseils pour écrire mes chansons et je n'en demande pas car personne ne peut transcrire mes émotions telles que je les ressens. Je suis donc solitaire dans mon travail et cela me convient bien.

Sur la route

À plusieurs reprises, je parle de la « route » et du « chemin » dans cette chanson. Mon métier, c'est ma voie, et je marche sur la route de ma destinée. J'y crois très fort. Je suis persuadée que nous avons tous un destin, mais qu'il faut se battre pour le suivre.

Mon coin musique

« Music is my religion. »

Jimi Hendrix

Je chante comme je *respire*

La musique a toujours occupé une place très importante dans ma vie. Petite, j'écoutais en boucle mes artistes préférés et je chantais déjà sur leurs morceaux, que j'apprenais par cœur ; adolescente, j'ai très vite cherché sur Internet les versions instrumentales en karaoké, et je chantais par-dessus. Je faisais cela toute seule dans ma chambre, la porte fermée, assise sur mon lit devant mon ordinateur. Je m'attaquais à des répertoires de chanteuses à voix : j'adorais pousser la mienne. Je commençais par suivre les paroles sur l'écran, puis je chantais les yeux fermés pour sentir le son résonner en moi.

« La musique met l'âme en harmonie avec tout ce qui existe. »

Oscar Wilde

Anecdote...

Souvenirs d'enfance : une graine de chanteuse

Je n'aime pas chanter dans les karaokés publics, mais, quand je partais en vacances avec mes parents et leurs amis dans des clubs où il y avait des animations, ils insistaient toujours pour que je m'inscrive aux soirées-spectacles : « Toi qui aimes tellement chanter ! Vas-y, c'est l'occasion ! » Comme, au fond, j'en mourais d'envie, je finissais par accepter. Au début, j'étais angoissée – toujours inquiète de ce qu'on pouvait penser de moi –, mais une fois sur scène je me sentais comme un poisson dans l'eau. Je chantais, je riais, je dansais, je prenais du plaisir. Je me souviens qu'après les spectacles des petites filles m'apportaient parfois des dessins qu'elles avaient faits pour moi : c'était mon premier public !

Aujourd'hui, j'ai toujours le trac avant de monter sur scène, mais plus pour les mêmes raisons. Enfant, j'avais peur qu'on ne s'intéresse pas à moi. Désormais, je sais que j'ai un public fidèle et aimant, qui est venu pour me voir, mais j'ai toujours peur de le décevoir et de ne pas être à la hauteur de tout cet amour qu'il me donne.

BERCÉE PAR LA MUSIQUE

Toute petite, j'avais déjà une attirance particulière pour la musique. À l'âge de deux ou trois ans, je jouais souvent sur un piano en plastique dont les touches s'éclairaient de lumières colorées. Pour m'endormir, ma mère allumait une veilleuse en forme d'ours qui me jouait une berceuse. Je me souviens qu'il était blanc, avec de grands yeux bleus, et qu'il avait les oreilles et le museau roses. Quand on l'allumait, son ventre s'éclairait et rayonnait tout autour de lui comme un soleil dans la nuit… et puis la musique me berçait, jusqu'à ce que je m'endorme.

Je chantais tout le temps : les comptines que j'apprenais à l'école et tout ce qui me tombait dans l'oreille ! Les airs que j'entendais sur les disques de mes parents, de ma sœur, à la radio, à la télé… Le repas du dimanche représentait une occasion en or pour offrir à ma famille un spectacle hebdomadaire autour de la table.

LE PIANO DE MA MÈRE

Durant mon enfance, j'ai toujours entendu ma mère jouer du piano. Elle disait que promener ses doigts sur les touches blanches et noires l'apaisait. Son calme et son bien-être me gagnaient quand elle s'échappait de la réalité au rythme des morceaux de Mozart ou de Chopin. Quand je la regardais et que je l'entendais jouer, j'étais éperdue d'admiration pour elle. L'instrument lui venait de sa grand-mère ; grand, brun et or, il trônait au milieu du salon et fait partie du décor de mon enfance. Il me fascinait car il ressemblait aux pianos qu'on voit dans les châteaux. Lorsque j'étais seule dans le salon, je rêvais de soulever le tissu en velours bordeaux posé sur les touches : j'avais une envie brûlante de poser mes petites mains dessus, de sentir les ondes sonores chatouiller mes oreilles. Mais j'entendais souvent une voix qui disait au loin : « Elsa, ne touche pas ! » Encore aujourd'hui, j'aime la musicalité du piano, sa douceur et la tranquillité qu'il me procure.

Ma playlist piano

- Sia, *Chandelier*
- Alicia Keys, *No One* et *Fallin'*
- Rihanna, *Unfaithful*
- Adele, *Hello* et *Someone Like You*

LE JOUR OÙ JE SUIS DEVENUE CHANTEUSE

Le personnage que j'incarne dans *Les Mystères de l'amour* est celui d'une jeune chanteuse. Pour la série, j'ai donc enregistré des petits bouts de chansons. Ils duraient vingt secondes, trente secondes… Et puis un jour Jean-Luc Azoulay, le producteur de la série, m'a proposé d'enregistrer un album complet ! Ce jour-là, j'ai éprouvé une grande joie. Je me suis dit : « Ça y est, c'est bon, je vais pouvoir réaliser mon rêve ! » J'ai toujours senti que j'étais faite pour ça, mais je me posais sans cesse la même question : « Est-ce qu'un jour on va me donner ma chance ? »

On a commencé par chercher des chansons. Bien sûr, il y avait celles que j'avais enregistrées pour la série en version courte et qu'on a développées, comme *Sky Is Blue, Avec toi, Ma star à moi*. Gérard Salesses, le musicien avec qui Jean-Luc travaille depuis toujours, et Jean-Luc ont aussi composé pour moi des titres inédits : *Fidélité, Pour qui tu m'prends*. Et puis, comme je leur avais dit que je composais et que j'écrivais moi-même des chansons, ils m'ont demandé de les leur faire écouter… Et c'est comme ça que, à mon immense surprise et à ma plus grande joie, ils ont décidé d'enregistrer deux de mes morceaux : *Toujours là pour toi* et *L'Amour destructeur*.

On est entrés en studio avec Gérard et, quelques semaines après, mon premier album sortait.

Je n'avais plus à demander l'autorisation, à m'excuser, à me justifier… Je n'avais moi-même plus le choix : j'étais chanteuse ! La vie en avait décidé ainsi !

Anecdote…

À l'origine d'un tube

Jean-Luc et Gérard avaient composé une chanson pour s'amuser ; ils me l'avaient fait écouter en même temps que d'autres morceaux, et on n'en avait plus parlé. Un soir, je sortais du studio avec Gérard, Jean-Luc et Richard (notre ingénieur du son), et on est allés dans un restaurant auquel on accédait par un ascenseur. Je me suis alors mise à fredonner la mélodie de « Pour qui tu m'prends ». Jean-Luc s'en est étonné et je lui ai répondu en riant qu'elle me restait dans la tête. C'était suffisant pour que Gérard et Jean-Luc décident de me donner la chanson, qui a finalement été le plus gros tube de mon premier album. Comme quoi, dans ce métier, le succès tient à peu de chose !

MES PREMIÈRES COMPOSITIONS

Avant d'enregistrer des disques et de rencontrer Jean-Luc Azoulay, j'avais déjà écrit des chansons. Quand je travaillais à droite, à gauche pour gagner ma vie, il m'arrivait de rencontrer et côtoyer des gens qui me promettaient monts et merveilles. On me disait : « Tu as envie d'être chanteuse ? Je peux te produire ! » Bien sûr, ils me vendaient du rêve en faisant miroiter un avenir où je pourrais vivre de ma passion. Alors, je me lançais, à mes heures perdues, dans l'écriture de morceaux. Ces promesses n'étaient pas tenues, mais au moins cela me poussait à créer et me rassurait quant à mes capacités. Je me rendais compte qu'on croyait en moi !

Should I Wait for Him or Move on ?

J'avais notamment composé une chanson en anglais qui racontait une histoire d'amour entre une humaine et un extraterrestre. J'avais été particulièrement touchée par le film *Avatar* de James Cameron et j'avais donc en tête l'image d'un être... bleu ! La question que je posais déjà à l'époque dans cette chanson était de savoir comment s'aimer quand tant de différences nous séparent. Pour moi, il n'y a pas de force plus puissante que l'amour, et c'est justement dans les situations les plus compliquées qu'il révèle toute son intensité. Les plus belles histoires d'amour ne sont-elles pas celles que l'on croit impossibles ?

I Can't Forget You

C'est une autre de mes chansons. Elle raconte l'histoire d'une fille trahie par un garçon ; il s'est moqué d'elle, a brisé son cœur, et pourtant elle a du mal à l'oublier… Des histoires d'adolescents.

Voici la traduction du refrain :

« Je ne peux pas t'oublier, j'attends d'avoir de tes nouvelles, je voudrais revoir ton visage... Je voudrais me dire que ton amour était pour moi et que ça ne changera jamais, mais toi tu voulais juste autre chose, pourtant l'amour ça ne marche pas comme ça... »

JEAN-LUC AZOULAY, LA RENCONTRE QUI A TOUT CHANGÉ

Dans le monde professionnel, j'ai appris à être très prudente et je me confie rarement… sauf avec Jean-Luc Azoulay. Dans le métier, il est, pour moi, une figure de père ou de mentor. Je lui serai éternellement reconnaissante de m'avoir permis d'accéder à mes rêves. Dans la musique comme dans la comédie, il est mon point de repère et mon pilier. Sans cesse, il me rassure, me rebooste et me fait voir le côté positif des choses quand j'ai un coup de déprime. Je crois que j'aurais peur de faire un concert sans lui, tant sa présence est réconfortante et importante pour moi.

Notre première rencontre n'a pas eu lieu lors du casting, ni lors des premiers tournages : il a fallu attendre plus d'un mois pour que je le voie en chair et en os. Un soir, après le tournage, on m'a demandé de passer au studio pour enregistrer les voix des chansons que Fanny devait interpréter dans la série. J'étais arrivée en avance et ça faisait un moment que j'étais dans le studio en train de chanter avec Richard Gallet à la console. Il y avait des paroles, une vague mélodie et un play-back, mais j'étais libre d'improviser sur la musique à ma guise. J'étais en train d'essayer des intonations, des rythmes différents quand j'ai vu Jean-Luc derrière la console. En fait, il était là depuis vingt minutes déjà, dans la pénombre

de la régie, à m'écouter. Lorsqu'il m'est apparu en pleine lumière, j'ai d'abord été intimidée par sa carrure, ses yeux sombres et presque sévères, mais il m'a tout de suite fait des compliments : « Bravo ! Je suis très impressionné par ce que tu viens de faire, par ta facilité à créer des mélodies. » Ce jour-là, nous avons travaillé sur deux ou trois chansons sans nous arrêter. J'ai senti qu'avec toutes les marques de confiance qu'il me témoignait je pouvais moi aussi me faire confiance ! Notre entente a été immédiate, et je n'ai pas peur de parler de « coup de cœur artistique ». Il m'a avoué plus tard que, ce jour-là, il avait décidé de me prendre sous son aile et de me faire enregistrer un album.

À compter de ce jour, Jean-Luc m'a encouragée à apporter mes propres chansons. Lorsque je viens avec une idée de morceau, on en discute et il me fait des retours. Parfois, il est

« La reconnaissance est la mémoire du cœur. »

Hans Christian Andersen

grognon, plus difficile à convaincre, mais, si je ne suis pas toujours sûre de moi dans la vie, je ne peux pas en dire autant en ce qui concerne la musique ! Ce domaine est vraiment essentiel pour moi, et ma détermination est à la mesure de ma passion. Alors, si je crois profondément en une chanson, je ne baisserai pas les bras tant que je n'aurai pas mis Jean-Luc de mon côté. Tous les arguments sont bons pour le faire changer d'avis. Par exemple, je trouve quelqu'un dans son entourage qui aime bien la chanson et pourra l'influencer, ou bien je lui dis que je suis convaincue que le message que je véhicule va parler au public, j'insiste sur le fait que l'air reste dans la tête et je lui répète inlassablement que je suis sûre que ça va marcher. Au bout de quelques jours de bourrage de crâne, il se laisse le plus souvent convaincre… Pour *Le Crime de s'aimer*, je savais exactement ce que je voulais et je me suis battue corps et âme pour l'obtenir !

Ses paroles rassurantes

« Ne t'inquiète pas, tout va bien ! Tu es sur la bonne voie ! »

Notre rituel

Régulièrement, il m'appelle pour prendre des nouvelles. Cela me rassure de savoir qu'il est là.

MON RÊVE DEVIENT réalité

Aujourd'hui, je vis mon rêve au quotidien : la musique m'accompagne chaque jour et j'ai la chance de la partager avec le plus grand nombre. Quand je vois tout le chemin parcouru en si peu de temps, j'ai parfois le tournis !

MON PREMIER ALBUM : *POUR TOI*

On était en 2014 et le distributeur de JLA Disc, Wagram Music, n'y croyait pas trop. C'est normal : personne n'avait entendu parler de moi en dehors des *Mystères de l'amour*, mes chansons ne passaient pas à la radio, je n'avais aucune chance. Mais Jean-Luc Azoulay avait confiance et il a demandé à Wagram de distribuer le disque malgré tout. Ils ont accepté de faire une mise en place de 1 500 exemplaires. Pour ma part, j'étais déjà très heureuse que mon album existe ! J'ai donc été amenée à faire des photos pour la jaquette, à travailler avec les maquettistes pour la mise en pages… Toute une série de choses que je découvrais et qui m'ont passionnée aussi.

MES Secrets

Le jour J

Le jour de la sortie de l'album, j'étais très excitée et je débordais de joie : mes proches avaient aimé les chansons, c'était le plus important. En revanche, j'étais terrifiée à l'idée que mon travail ne plaise pas au public. Alors je suis restée connectée des heures durant sur les réseaux sociaux, et j'ai épié les moindres commentaires des premiers auditeurs. C'était terrible ! J'avais l'impression d'attendre les résultats d'un examen, la boule au ventre.

En moins d'une semaine, les 1 500 disques ont été vendus. On en a fait presser 5 000 de plus à toute allure... Vendus aussi ! En quelques mois à peine, l'album est devenu disque d'or, ce qui représente 50 000 albums vendus ! Je ne réalisais pas... « Moi, vendre des albums ? Des gens aiment ce que je fais ? ! » J'avais peur de mettre trop d'espoir dans ce qui m'arrivait et d'être ensuite déçue. De façon générale, je préfère garder la tête froide en me rappelant que, du jour au lendemain, tout peut s'arrêter et qu'il vaut mieux s'y préparer pour ne pas tomber de haut.

Mon premier disque d'or.

JE PARTAGE avec VOUS

L'Amour destructeur

C'est une de mes premières chansons. Elle est simple et j'imagine que chacun peut s'identifier à l'histoire universelle qu'elle raconte : celle d'une rupture et d'un chagrin d'amour. On sait tous combien ça peut faire mal, mais le message de cette chanson est qu'il ne faut pas perdre espoir. La roue tourne toujours à un moment ou un autre. Il faut se relever pour aller de l'avant et redécouvrir la beauté du monde parce que la vie n'est pas finie – loin de là ! – et qu'on a encore plein de belles choses à connaître.

« Avec le temps
Les blessures se soignent
Et j'apprends
À libérer mon âme. »

EN SCÈNE !

Le 4 novembre 2014, le Divan du monde m'a accueillie à Paris pour une soirée de présentation de mon album et un concert. C'était la première fois que je me retrouvais devant un public de 500 spectateurs venus exprès pour m'entendre !

Avant de monter sur scène, j'étais fébrile. Je savais que ce premier concert représentait un test pour mon producteur et pour la maison de disques. Mes parents m'ont rendu visite dans ma loge avant le spectacle et j'ai pu lire la fierté dans leur regard : ça valait tous les mots d'encouragement !

Une fois sur scène, j'ai été portée par la vague d'énergie que le public m'envoyait. C'était comme si les gens dans la salle me parlaient et me touchaient. Il m'est revenu en mémoire le temps où je chantais seule dans ma chambre ; désormais, j'étais enfin sur scène. J'ai alors pris conscience du chemin parcouru et je me suis dit très clairement : « Je suis dans mon élément. Je veux faire ça toute ma vie. » Dans la chanson, je ne joue pas un rôle, je suis moi, Elsa. Et me sentir aimée et entourée pour ce que je suis est le plus beau des cadeaux.

Après le concert, nous sommes allés dîner avec mes parents, l'équipe de la série et celle de la maison de disques dans un petit restaurant à côté de la salle. Mon cœur débordait de joie, mais mon estomac était noué. Ce soir-là, je suis rentrée chez moi couverte de fleurs et pleine d'amour.

TOUT EN HAUT : POUR NE PAS TROP REGARDER VERS LE BAS

En 2016, Jean-Luc Azoulay a décidé de me faire enregistrer un deuxième album alors que je n'apparaissais plus dans *Les Mystères de l'amour*. Cette année sans tournage a été très difficile pour moi. J'avais l'impression d'être éloignée de ma passion, ce qui me faisait beaucoup souffrir. Pour gagner ma vie, je travaillais en tant qu'assistante et traductrice dans un studio de doublage. J'ai également obtenu un rôle à doubler dans *The Amazing Spider-Man 2,* car ma voix collait au personnage de Felicia Hardy. Mais cela ne comblait pas mon manque de la série. Les chansons que j'ai composées durant cette période reflètent l'état dans lequel j'étais ; elles sont plus sombres, plus dures que d'ordinaire. Pour ma maison de disques, je pouvais parfaitement ne pas jouer et ne faire que de la musique, mais pour moi l'un n'allait pas sans l'autre : j'avais besoin de reprendre le tournage des *Mystères de l'amour*. Fanny devait revenir pour faire vivre mes chansons à travers elle. Le public l'attendait, et j'étais du même avis que lui !

Pierre et Gilles, les deux célèbres artistes français mondialement connus, ont réalisé la pochette de mon deuxième album.

Je pars

Cette chanson est très représentative de cette période difficile que j'ai traversée. C'est à la fois une chanson de séparation amoureuse – comme ce que je vivais à l'époque –, mais aussi une chanson qui évoque une rupture professionnelle, puisque je n'étais plus dans la série. Je me disais que c'était peut-être le signe qu'il était temps de commencer une nouvelle vie, de prendre un chemin différent et de laisser le passé où il était pour débuter une autre page, le cœur lourd.

« Je pars prendre ma liberté
Même si ça me fait mal
Je pars, je pars, je pars
Je pars pour tout oublier
Je pars pour tout réinventer
Sans plus jamais me retourner
Je pars, je pars, je pars »

Anecdote...

Parce que c'était écrit... que ce serait toi !

Un soir, alors que nous étions au restaurant où nous nous retrouvions après le studio, je confie à Jean-Luc et à Gérard qu'il y a une de leurs chansons que j'adore : « Parce que c'est toi ». Je leur explique que je la chantais en boucle quand j'étais petite et que je la connais par cœur, comme je me souviens de celle qui la chantait, Manuela Lopez. Jean-Luc et Gérard se sont regardés avant d'éclater de rire. Je m'étais trompée de chanson ! Ils m'ont dit que celle dont je parlais s'intitulait « Parce que c'était écrit comme ça ».

En revanche, ils avaient bien composé une chanson qui s'intitulait « Parce que c'est toi » et qui était chantée par Emmanuelle (l'interprète de « Premier Baiser »). Jean-Luc l'a cherchée sur YouTube et me l'a fait écouter. Aussitôt, j'ai eu comme un flash, les larmes me sont montées aux yeux et je leur ai demandé si je pouvais en faire une nouvelle version. Ils ont accepté. Heureusement, car « Parce que c'est toi » a été le tube de mon deuxième album !

Encore une fois, ma bonne étoile veillait sur moi.

PARCE QUE C'EST VOUS...

Le 14 avril 2018 à Ris-Orangis, nous avons partagé la scène avec Richard Pigois – qui joue le père de Fanny dans la série. Je garde au fond de mon cœur le souvenir du moment où j'ai repris *Parce que c'est toi*, interprétée en 1989 par Emmanuelle Mottaz. La première fois que j'ai chanté ce morceau en *live*, j'ai ajouté à la fin du morceau « parce que c'est toi, parce que c'est vous » en tendant les bras vers le public. Ces mot me sont venus naturellement. Et, quand tous les gens venus m'écouter à Ris-Orangis ont entendu les premières notes de ce morceau, ils ont brandi des feuilles de papier sur lesquelles ils avaient imprimé des cœurs. Très émue par cette vague d'amour, j'ai senti ma voix vaciller et mes yeux s'emplir de larmes. J'étais fragilisée par mon émotion, et puis j'ai saisi la puissance de la vague qui m'a donné des ailes. J'ai appris par la suite que cela faisait trois mois qu'ils communiquaient entre eux pour me faire cette surprise. Cela n'a fait que renforcer ma reconnaissance infinie envers eux !

UNE NOUVELLE HISTOIRE ENTRE VOUS ET MOI : 3

J'ai repris le tournage de la série, et tout est rentré dans l'ordre : enfin, j'avais retrouvé ma place, mon équilibre, et je m'épanouissais. J'étais dans mon élément, et ceux qui attendaient le retour de Fanny ont été ravis. Comme je suis très réceptive et sensible, j'ai été transportée par leur enthousiasme. Cela m'a redonné beaucoup de force et de courage. Et cela se sent dans mon troisième album : il est plus joyeux parce que, en l'écrivant, j'ai eu envie de transmettre mon bonheur et ma foi en la vie. Bien entendu, j'ai repris des thèmes qui me sont chers, mais avec un regard différent. Par exemple, j'ai revisité le sujet de l'amour dans ma chanson *Amoureuse*, mais à travers le prisme de l'engagement et de l'union. C'était la première fois que je composais une chanson sur le mariage !

« Il a entre ses doigts mon coeur
Qui bat à mille à l'heure
Je ne sais pas s'il le voit
Mais, dans ma tête, je perds mon sang-froid
Et là il sort une bague qui brille de mille feux
J'ai les larmes dans les yeux
Il semble si heureux
Mon bonheur à moi prend vie
Quand il me dit
Cette fois c'est pour, c'est pour la vie »

ENREGISTREMENT À NASHVILLE

Pendant qu'on prépare cet album, un soir, Jean-Luc Azoulay me dit : « J'ai écouté les premières maquettes. On va aller à Nashville enregistrer cet album. » Sur le moment, je ne le prends pas au sérieux… Pour moi, Nashville, c'est la ville mythique des grands musiciens américains, et surtout celle où Taylor Swift enregistre. Plus sérieusement, cette ville est le cœur de l'industrie du disque aux États-Unis, et je ne m'imaginais pas du tout pouvoir un jour y aller ! Quand je comprends qu'il ne plaisante pas, je prends conscience que c'est la chance de ma vie : je vais pouvoir enregistrer dans ce cadre légendaire et travailler avec des musiciens exceptionnels qui ne procèdent pas de la même façon qu'en France. Dans la musique, changer de lieu, c'est aussi changer de rythme et de couleur : je suis plus qu'impatiente ! Nashville, me voilà !

Je pars, la valise et le cœur légers : quelques jeans, débardeurs et sweat-shirts, ma trousse à maquillage, une paire de bottines, et ça roule ! Une fois arrivés là-bas, nous résistons à la fatigue et à la tentation de dormir : pour survivre à la journée qui nous attend et combattre à la source les effets du décalage horaire, interdiction de faire la sieste. Je tiens le coup et, le soir même, nous avons rendez-vous avec Preston, un ami de Jean-Luc, producteur à Nashville. Ça donne tout de suite le coup d'envoi

de ce séjour effréné. On me présente mon planning de la semaine et je me sens déjà prise dans le tourbillon de l'aventure. Je suis tellement contente que j'ai hâte de commencer !

Pendant une semaine, nous passons le plus clair de nos journées en studio. J'aime particulièrement le professionnalisme cool des musiciens. L'ambiance est joyeuse, rieuse et détendue, mais on est là avant tout pour travailler ! Je commence par leur faire écouter les play-back en maquette, puis je leur dis ce que j'attends. Ils me font des propositions, tout le monde passe dans le studio, moi, je m'installe dans une petite cabine près de la porte. Les musiciens et moi sommes séparés par une vitre, je les vois, ils me voient et, pendant qu'ils jouent, je chante avec eux en direct. Je ne vous dis pas le trac ! Heureusement ils me rassurent, me complimentent. On fait plusieurs prises, bien sûr, et ils s'adaptent à mon timbre et à mon rythme. C'est comme si nous faisions la cuisine ensemble : nous apportons nos ingrédients et nos savoir-faire respectifs pour faire un bon album !

J'aime énormément cette façon de travailler. Je découvre aussi des instruments et des tonalités qui ne m'étaient pas familiers. Je pense au banjo, brillamment manié par Wanda Wick, une musicienne qui me fascine ! Je me rends compte que je travaille avec des pointures. Wanda, par exemple, joue régulièrement pour Taylor Swift ; le pianiste est le directeur musical d'Olivia Newton-John ; le batteur a été élu « meilleur batteur des États-Unis ».

Mais il n'y a pas que la musique à Nashville ! Quand je ne travaille pas avec les musiciens, nous enregistrons quelques séquences pour *Les Mystères de l'amour*. Rochelle Redfield, figure-phare d'*Hélène et les garçons*, est venue me rejoindre. Elle jouait, à l'époque de la série, le personnage de Johanna, amoureuse de Christian. Dans l'histoire, Johanna vient soutenir Fanny, qui prépare un album aux États-Unis. En quelque sorte, elle passe le flambeau à Fanny dans sa relation avec Christian. Je tenais particulièrement à ce symbole, étant moi-même fan à l'époque de ce couple mythique.

Anecdote...

Music City

C'est ainsi que l'on appelle Nashville : la cité de la musique. On ne traverse pas une rue sans tomber sur un musicien. Je me souviens très bien d'une petite fille de neuf ans qui jouait du violon dans la rue et devant laquelle les passants s'arrêtaient. Les musiciens jouent dans la ville ou se produisent dans des bars du matin au soir. On nous a raconté que la musique était une religion là-bas et qu'elle était même obligatoire à l'école pour les enfants, dès leur plus jeune âge. Je ressens des ondes positives dans ce lieu mythique : les gens sont souriants, ils se prennent dans les bras. Ils me semblent animés par une folie joyeuse, une marginalité qui les pousse à s'exprimer librement. Peu soucieux de leur apparence, ils arborent des vêtements colorés, se teignent les cheveux et se fichent pas mal de se balader en cow-boy toute la journée !

JAMAIS SANS LA *musique*

La musique fait partie de moi, elle m'accompagne chaque jour, chaque minute, chaque seconde. C'est un besoin, un plaisir, une passion !

TROUVER SA VOIX

Avec le temps, je me rends compte que ma voix a gagné en assurance, qu'elle est plus forte et plus claire qu'avant. Je respire mieux, je tiens plus longtemps, je monte plus haut et plus vite. Tout cela est dû à la pratique ! L'assurance joue un rôle fondamental dans la pratique du chant, parce qu'elle permet de se laisser aller et de détendre sa voix.

Même si je chante depuis toujours, on peut dire que je fais réellement ce métier depuis cinq ans, et je suis heureuse d'entendre que je progresse ! Je suis tellement reconnaissante d'avoir une voix qui me permet de chanter, aussi bien sur scène qu'en faisant le ménage ! Lorsque je m'enregistre, il est rare que je garde la première prise car je suis très perfectionniste, mais je ne juge plus ma voix. Je sais qu'il y aura toujours une version qui finira par me plaire !

Comment JE FAIS pour...

Prendre soin de ma voix

- ✔ Je porte une écharpe ou un foulard au moindre courant d'air.
- ✔ Je bois du thé ou des infusions de thym ou de romarin avec du miel.
- ✔ J'essaye de ne pas trop me juger, car le jugement que l'on porte sur soi coince la voix et l'étrangle dans la gorge.
- ✔ Je chante, chante, et chante encore pour m'échauffer ! C'est aussi une excellente idée de faire des vocalises, mais, comme je n'en fais jamais, j'ai du mal à le conseiller sans me l'appliquer...

LA TOURNÉE 2018-2019 : LE DÉBUT D'UNE NOUVELLE AVENTURE

Si j'avais déjà fait deux concerts et chanté sur scène lors de séances de dédicaces ou d'événements radio, cette tournée a été ma toute première ! C'était une perspective très excitante mais qui m'angoissait aussi. Comme toujours, ma plus grande peur était de décevoir les gens venus me voir.

Le jour où mon producteur, Jean-Luc Azoulay, m'a dit qu'on allait lancer ma première tournée en France, je n'y croyais pas. Mon rêve devenait de plus en plus réalité ! Avec trois albums enregistrés, nous avions désormais suffisamment de chansons pour pouvoir commencer à donner des spectacles. J'étais aux anges ! On a discuté des villes où on allait se produire, de l'organisation que tout cela allait représenter, du choix des musiciens. Il fallait trouver des dates de répétitions en dehors des tournages. Encore plus de travail, mais ça me rendait tellement heureuse !

D'abord, on a cherché des musiciens, et c'est Romain Darbon, le batteur que Gérard Salesses avait choisi pour Dorothée et Hélène, qui a été chargé de former l'orchestre. Il nous a proposé un guitariste, Arthur, un bassiste, Julien, et… une pianiste… Jessica ! Le choix a été évident dès le départ : quand je les ai vus, j'ai su que ce serait eux ! De plus, avoir une musicienne à mes côtés me faisait particulièrement plaisir : je trouvais sympa de me dire que je ne serais pas la seule fille parmi tous ces garçons. Je crois aussi que cela me rassurait.

Dès la première répétition avec mes musiciens, le courant est tout de suite passé entre nous. Ce sont des personnes très à l'écoute et qui ont le souci de me porter aussi haut qu'ils le peuvent pour que je me sente bien. Ils sont incroyables et très talentueux.

Nous démarrons les répètes et tout se passe à merveille. Je mets un peu de temps avant de m'habituer à ce qu'on appelle des « *Ears* », deux petits écouteurs reliés à un boîtier qui me permettent d'avoir le retour de ma voix lorsque l'orchestre joue beaucoup plus fort sur scène. Au départ, mes oreilles en souffrent un peu, le temps que je m'y habitue, mais très vite, on peut commencer les balances de voix.

La première date approche, je suis de plus en plus stressée… peur d'oublier les paroles, de ne pas savoir quoi dire entre les chansons, peur de ne pas être à la hauteur tout simplement. Je dors très peu, j'enchaîne les répètes et les tournages.

Le Jour J arrive : l'angoisse, le cœur qui bat à cent à l'heure… j'y suis, c'est le moment, c'est maintenant ! Je ne peux plus faire marche arrière, je dois y aller quoi qu'il arrive. J'entends le public applaudir et crier « Elsa ». Il me rebooste et me donne toute l'énergie dont j'ai besoin pour assurer ce concert de 2 heures. Je me lance, je vois devant moi les gens qui sont venus m'écouter et là, d'un coup, je me sens parfaitement bien, le show peut commencer ; je chante avec eux, je m'envole, je suis si heureuse quand je suis en contact avec le public. Ils applaudissent, chantent les chansons par cœur et, surtout, ils me font des surprises… J'ai cette chance incroyable : à chaque ville dans laquelle je chante, les gens me préparent quelque chose qui me montre à quel point ils sont présents pour moi, à quel point ils cherchent à me faire plaisir. C'est un public merveilleux. Ils me font pleurer à chaque fois… je suis très émotive, alors forcément j'ai toujours des larmes qui coulent devant tant d'amour… Quelques exemples de surprises qu'ils m'ont faites : j'ai eu tous les drapeaux du monde sur ma chanson *Le Crime de s'aimer*, j'ai eu des ballons en forme de cœur qui se sont envolés sur *Tu m'as donné*, une nuit étoilée par les lumières des portables sur *Si docile si fragile*, des ballons qui s'agitaient sur Parce que c'est toi et des papiers sur lesquels était imprimé le mot « merci » sur Je vous aime. Mon public me donne tant d'amour que je passe à chaque fois des soirées magiques avec lui.

Rituel avant un spectacle

• J'ai besoin de me doucher, ça me donne une sensation d'être toute fraîche et encore plus en forme pour aller à la rencontre de mon public. Sentir le gel douche et mettre du parfum avant de mettre ma tenue de scène me relaxe.

• J'ai également une petite pierre rose que mon chorégraphe, Mika, m'a offerte pour canaliser les énergies : je la prends dans mes mains quelques minutes et j'essaye de faire le vide.

• Ensuite, on se réunit avec mes musiciens pour faire notre cri de guerre en se mettant tous en cercle en joignant nos mains au milieu. Puis on se dit tous le mot magique et on entre en scène !

MES Secrets

Mon atelier de composition

Où ? Chez moi, assise par terre, devant ma table basse.

J'ai besoin de

Comment l'inspiration vient-elle ? Souvent, j'ai un thème particulier qui me trotte en tête pendant un moment. Quand je m'assieds pour écrire, l'idée a eu le temps de mûrir.

La mélodie ou les paroles d'abord ? L'air surgit en premier. Je le chantonne et, s'il me revient plusieurs fois en tête, comme une rengaine, je me dis que je tiens quelque chose ! Je l'enregistre *a cappella* sur mon téléphone et, une fois installée chez moi, je le joue à la guitare.

Trouver le refrain Les paroles suivent très vite et collent tout de suite à la mélodie. Pour moi, le plus important, c'est le refrain. Quand il est posé, les couplets me viennent naturellement.

Une règle : dire « je » Je ne peux écrire que ce que je pense, ce que je ressens, et je serais incapable de faire une chanson qui irait à l'encontre de mes convictions ou de mes sentiments. Écrire à la première personne est aussi une façon de permettre à mon public de s'identifier à ce que je chante, comme si c'était lui qui parlait, comme si c'était son histoire.

« Créer, c'est aussi donner une forme à son destin. »

Albert Camus

Anecdote...

Double récompense

Nous sommes allés au festival « Les Héros de la télé » à Beausoleil, en octobre 2018, avec Patrick Puydebat (Nicolas, dans la série) et Tom Schacht (Jimmy), pour recevoir une récompense. À l'issue de la remise des prix, je suis retournée dans ma chambre d'hôtel, laissant les autres faire la fête. Mais impossible de m'endormir : je cogitais en me tournant et me retournant dans mon lit, agitée par un air qui me trottait dans la tête !

Depuis quelque temps déjà, j'avais envie d'écrire sur le fait qu'on peut aimer quelqu'un sans oser le lui dire. La peur d'être rejeté fait qu'on donnerait tout pour que l'élu de son cœur fasse le premier pas. J'avais même un titre en tête : « Il suffirait juste d'une fois ! » J'ai fini par me lever et l'enregistrer sur mon téléphone.

Le festival m'avait mise dans un état d'ébullition créative ; recevoir un prix avait libéré mon esprit, laissant émerger la chanson, et ma façon de célébrer cela était de rentrer dans ma chambre pour la composer. Vous la découvrirez sans doute dans mon prochain album.

LE CRIME DE S'AIMER

« On dit que l'amour n'a pas de couleur,
D'âge ni de religion,
Pas de logique, pas de mode d'emploi.
L'amour ne s'apprend pas.
L'amour est rebelle,
Il se fout des lois.
Il est fou, inconscient,
Irraisonné à la fois.
Peu importe qui vous aimez,
La façon dont vous aimez,
Tant que vous aimez.
Tant que vous aimez. »

Je suis convaincue que l'être humain est fait pour aimer, que c'est sa raison d'être et son objectif de vie, et je crois profondément qu'on est en droit d'aimer qui on veut, quel que soit le milieu d'origine, l'âge, le sexe ou la religion. Il me tenait à cœur d'écrire une chanson sur ce sujet. J'étais persuadée que chacun pourrait comprendre ce que c'est que d'affronter des difficultés dans une histoire d'amour. Par-dessus tout, j'avais envie de parler à ceux qui sont contraints de cacher leurs désirs car ils ne peuvent pas les assumer dans notre société. Cette situation est pour moi inacceptable et je ne supporte plus que le manque de tolérance provoque tant de souffrances.

DANS LE BACKSTAGE DU TOURNAGE D'UN CLIP

En général, les journées de tournage de mes clips ressemblent à celles des *Mystères de l'amour*. Le clip du *Crime de s'aimer* est l'exception : c'est le plus important que nous ayons tourné pour mes chansons. Jean Luc Azoulay et Luigi-Théo Calabrese, mes producteurs, ont décidé de faire appel à une autre société de production, HK Corp, pour celui-là, car il s'agissait de rompre avec l'univers rose bonbon des précédents en apportant une couleur plus sombre à mon univers musical. En réalité, on se rapproche davantage de ce que je suis : plus à l'aise en jean et sweat à capuche qu'en minijupe !

Nous avons travaillé avec une équipe formidable sur ce clip. Une quinzaine de personnes gravitaient sans cesse autour de moi pendant la journée, sans compter les jeunes comédiens débordants d'énergie qui jouaient le rôle des lycéens. Nous avons tourné cette vidéo en deux jours. L'équipe, très professionnelle et efficace, m'a accompagnée avec rigueur et bonne humeur : je garde d'excellents souvenirs de cette belle expérience.

« Ne fais que ce que ton cœur te dicte. »

Lady Diana

SONY

BIEN + QU'UN *objet*...

MA GUITARE

Description C'est une guitare électro-acoustique noire (Yamaha). Elle est aussi appelée « la guitare des chanteurs » car elle les accompagne dans leurs déplacements et dans leurs mouvements sur scène. Légère et agréable, elle n'a pas besoin d'être branchée pour produire du son. Cela dit, la mienne quitte assez rarement mon appartement !

La rencontre JLA Productions me l'a offerte quand j'ai commencé à travailler sur mon premier album. C'était un cadeau dont je rêvais depuis des années. J'ai pris une dizaine d'heures de cours avec un professeur pour acquérir les bases et j'ai décidé de continuer ensuite à apprendre par moi-même.

Comment je l'utilise Elle est un outil de recherche qui me permet de composer une mélodie à partir d'un air qui se promène dans ma tête. Je me sers aussi d'un capodastre, un outil qui plaque les cordes contre le manche et permet ainsi de changer de tonalité sans faire des acrobaties avec les doigts de la main gauche.

Une amie Lorsque je rentre chez moi, je la vois là, sur son socle, entre mon canapé et mon piano, et cette simple vision me fait chaud au cœur.

Pour être tout à fait honnête, j'ai plusieurs autres guitares : une guitare silencieuse sur laquelle je branche un casque pour jouer sans être entendue, une guitare qui reste sur le plateau de tournage et une dernière au studio d'enregistrement… Mais la seule, l'unique, la vraie, c'est *ma* guitare, celle qui m'accompagne en concert.

LUMIÈRE sur...

INNOCENCE

Dans ce morceau, je m'adresse directement à Innocence, qui incarne, pour moi, une étoile, un ange, Dieu ou la vie. Je voulais que chacun puisse s'y retrouver en mettant ce qu'il veut derrière ce mot. Ce morceau parle des égarements et des erreurs de l'être humain. Nul n'est parfait, nous avons tous des failles, mais il suffit de le reconnaître et de demander pardon à quelque chose, à soi-même... Souvent, les erreurs viennent d'une inconscience, et, quand on a le désir de se racheter et de changer pour de bon, tout est excusable. C'est pour cela que j'en appelle à cette entité, Innocence, qui, dans sa pureté et sa perfection, donne une nouvelle chance aux inconscients qui sont dans l'errance.

Ce morceau est aussi l'occasion de me livrer sur mon rapport au monde. Je crois en des choses suprêmes et j'en appelle à ces choses qui n'appartiennent pas au monde des humains et de la rationalité pour me guider. Je m'adresse à ma bonne étoile pour lui demander de l'aide lorsque je doute ou que je ne vais pas bien.

« Innocence, Innocence,
ne me juge pas, j'apprends
Innocence, Innocence, laisse-moi
une chance que tout recommence
Tu verras que demain j'effacerai
mes fautes, mes erreurs, pour
devenir meilleure
Peut-être que j'attends qu'on
fasse battre mon coeur. »

Mes prières m'aident à avancer, et je sais aussi remercier mon étoile de me garder en vie. Avec le temps, j'ai une vision plus calme et tranquille que je cherche à transmettre à celles et ceux qui m'écrivent. J'essaie de mettre en lumière la chance que l'on a d'être en vie et d'avoir accès aux beautés du monde.

Gérard Salesses – le compositeur qui travaille avec Jean-Luc Azoulay et l'arrangeur de mes chansons – aime particulièrement ce morceau. Il m'a dit qu'il avait été touché par cet univers un peu plus sombre et sensible chez moi ; cela m'a confortée dans l'idée qu'il y a un public pour cette facette de mon monde.

Mon beau miroir

« Je crois qu'il faut être forte quand tout semble aller mal. Je crois que les filles joyeuses sont les plus jolies. Je crois que demain est un autre jour et je crois aux miracles. »

Audrey Hepburn

CROQUER LA *vie* À PLEINES DENTS

La vie me fait tant de cadeaux que, malgré les épreuves et les obstacles à surmonter, je suis passionnément enthousiaste et optimiste. Je remercie chaque jour de me conduire sur le chemin foisonnant et surprenant de mon existence.

QUI SUIS-JE ?

Nom : Esnoult

Prénom : Elsa

Je suis née le : 25 septembre 1988, à Neuilly-sur-Seine

J'ai grandi à : Paris, dans le XVIIe arrondissement

Mon plus gros défaut : Le perfectionnisme. Même si je pense que c'est une qualité dans le travail car cela pousse à donner le meilleur de soi, mon perfectionnisme m'amène à être sans cesse en guerre avec moi-même, éternellement insatisfaite.

Ma plus grande qualité : Ma sensibilité. Elle me permet d'être à l'écoute du monde, des autres, et elle est mon moteur pour créer. Mais c'est à double tranchant, car elle me rend aussi beaucoup plus vulnérable.

Bilan : Mon perfectionnisme est là pour me secouer lorsque ma sensibilité me désarme. Les deux conjugués m'aident à avancer dans la vie.

Ce que je recherche chez un(e) ami(e) : La compassion et la bienveillance.

Ce que je recherche chez un amoureux : La générosité, l'attention au bonheur de l'autre, l'écoute. L'important est d'être avec quelqu'un qui me tire vers le haut et que je tire vers le haut également.

Le pays dans lequel j'aimerais vivre : J'ai adoré passer du temps en Californie, mais j'ai envie de rester proche de ma famille et de mes amis. Je veux vivre là où sont les gens que j'aime.

Ma couleur préférée : Je suis une grande amatrice de rose mais… j'aime particulièrement la couleur de l'eau de mer sur des plages de sable blanc paradisiaques. Je dirais donc un bleu turquoise avec de belles nuances de vert.

La saison que j'aime le plus : Le printemps, car tout prend vie, éclot, bourgeonne, et les oiseaux se remettent à chanter.

Si j'étais un objet : Un diamant… Non pas parce qu'il brille, mais parce qu'il faut beaucoup le travailler pour révéler toute sa beauté et son éclat. Au départ, il ressemble à un caillou comme les autres, mais si on repère son potentiel et qu'on le taille correctement, en respectant ses aspérités, il devient une pierre précieuse. Et je crois au potentiel de l'être humain, je pense qu'en chacun de nous se cache un diamant et qu'il suffit de se donner les moyens de le faire briller…

Si j'étais un bruit : Le bruit de l'eau qui court dans la rivière.

Le don que j'aimerais avoir : J'aimerais faire de la magie, comme les génies avec leur lampe, les fées ou encore les gentilles sorcières avec leur baguette magique. Mais, si je devais choisir un don qui existe, je voudrais avoir un niveau très élevé en danse, comme les danseurs professionnels de *Danse avec les stars*, qui me fascinent à chaque fois que je les vois réaliser leur chorégraphie.

Mon animal totem : Il y a un animal qui me suit depuis ma toute petite enfance : souvent, je sens une panthère noire à mes côtés. Elle marche avec souplesse à ma droite et j'ai l'impression d'être protégée. L'image est très claire : je vois ses crocs, ses griffes et ses yeux verts.

Pour moi, elle représente une force tranquille et invincible. C'est comme si cette panthère imaginaire symbolisait une partie de moi qui reste cachée et que j'aimerais mieux connaître. Comme elle, je voudrais me sentir forte, sereine et capable de me défendre si le danger se présente à moi.

« Fais de ta vie un rêve, et de tes rêves, une réalité. »

Ma devise

J'aime

J'aime regarder la pluie tomber quand je suis au chaud dans mon appartement.

J'aime passer des heures chez moi, devant mon petit chauffage souffleur, assise par terre.

J'aime passer du temps avec ma famille et mes amis.

J'aime aller à Disneyland.

J'aime être bien installée dans l'avion et me dire que le voyage va durer plusieurs heures.

J'aime faire du shopping, passer des heures dans les magasins.

Je n'aime pas

Je n'aime pas aller chez le coiffeur : j'ai toujours peur qu'on coupe plus que ce que j'ai demandé.

Je n'aime pas les araignées, mais j'interdis à mon entourage de les tuer, même si je hurle lorsque j'en vois une (je ne ferai jamais de mal à un être vivant ; même si je le crains, je le respecte, car ce n'est pas sa faute s'il m'effraie).

Je n'aime pas sortir sans maquillage (bien que j'essaye de plus en plus de réduire cette habitude, je n'y suis pas encore parvenue !).

Je n'aime pas l'odeur de la cigarette.

MON AMOUR POUR LA NATURE ET LES ANIMAUX

J'aime et je respecte profondément tous les êtres vivants. Je porte un regard plein d'amour sur toutes les créatures terrestres, et je sais que les animaux méritent toute notre considération. Je suis terrifiée par la maltraitance animale, par le fait que des humains s'arrogent le droit de faire du mal à des créatures vulnérables qui ne leur ont rien fait.

J'ai toujours été très liée avec la nature.
En vacances, je me lève plus tôt pour ramasser les déchets en plastique sur la plage et je passe des heures dans l'eau à regarder les poissons. Tous les jours, je me promène et j'observe les plantes, le soleil qui se diffuse à travers leur feuillage, et j'imprime ces belles images apaisantes dans ma mémoire. Je suis physiquement incapable de laisser un insecte se noyer : je vais le repêcher du bout des doigts !

Anecdote...

Amitié de vacances

Lorsque j'étais petite, je suis allée en Guadeloupe avec mes parents, et je me souviens d'un chien errant, gris pommelé, qui traînait près de l'endroit où nous logions. C'était un grand chien à la longue queue et aux oreilles tombantes que j'avais surnommé « Rigolo » parce que c'était exactement ce qu'il m'inspirait ! Il n'était pas spécialement beau, mais quelque chose dans son regard me touchait profondément. Je me suis prise d'affection pour lui et, comme il était très maigre, je l'ai nourri en cachette. Je prenais discrètement des aliments sur la table pendant les repas pour les lui donner ensuite. Mes parents, pas dupes de mon petit manège, me répétaient : « Attention, Elsa, tu vas t'attacher. » La séparation et le retour à Paris ont été difficiles, mais le joli souvenir de cette rencontre est un trésor que je garderai toujours dans mon cœur.

« On n'a pas deux coeurs, un pour les animaux et un pour les humains. On a du coeur ou on n'en a pas. »

Alphonse de Lamartine

BALADE SUR LES PLANCHES

Ma famille a un appartement à Deauville où je vais pour me ressourcer entre deux tournages. Étant parisienne, j'ai besoin d'avoir accès à la nature régulièrement, car, si j'espère avoir la chance de vivre un jour dans une maison avec jardin, pour l'heure, je dois chercher la nature hors de chez moi.

Deauville est un paradis pour se promener dans le nord de la Normandie ou au bord de la mer. Je sillonne la campagne à vélo et je fais courir Eden sur la plage. Le bruit des vagues, le chant des oiseaux, les odeurs des sous-bois me revivifient profondément. C'est aussi l'occasion de retrouver les Planches de Deauville pour longer la plage sur cette célèbre promenade en bois ou d'aller manger une pizza dans mon restaurant préféré : le Santa Lucia !

Quelques jours passés là-bas me font l'effet de grandes vacances.

HYPER-SENSIBLE

Depuis toujours, je suis très sensible à l'énergie des gens et aux ondes qu'ils dégagent. Cette particularité, si elle est parfois éprouvante, m'apporte beaucoup car elle me permet de créer un lien avec les autres. Lorsque je rencontre quelqu'un, je suis immédiatement en contact avec cette personne. Je sais ce qu'elle ressent, dans quel état d'esprit elle se trouve. Ma première impression est souvent la bonne, et, si je la suis, elle m'aiguille dans mes relations. Au fond de mon cœur, je sais ce qui est bon et ce qui est mauvais pour moi. Le plus dur reste de m'écouter ! Mon perfectionnisme me pousse à être très exigeante envers moi-même – parfois trop. De la même façon, même lorsque je pressens que quelqu'un va me faire du mal, je donne quand même une chance à cette personne car je ne veux pas avoir de regrets.

Je pars toujours du principe qu'il ne faut pas avoir de préjugés ; mieux vaut se faire sa propre expérience, même si l'on doit être déçu par la suite.

La plupart du temps, il m'est difficile de faire semblant car je suis entière. Pourtant, dans le domaine du travail, j'ai appris à me protéger de mes ressentis et à faire bonne figure. Lorsque je perçois une certaine fausseté ou un comportement hypocrite en face de moi, je souris poliment et je passe mon chemin. Le conflit ne m'intéresse pas, et je sais que mon métier nécessite de rester très correct pour se protéger. J'évite donc tout simplement de parler à celles ou ceux qui ne me veulent pas du bien.

Cela n'a pas toujours été facile quand j'étais enfant, car je me sentais différente et le monde dans lequel je grandissais me donnait l'impression d'être une fille bizarre. C'est sans doute pour cette raison que je me suis créé un monde intérieur riche et protecteur. Toute petite, déjà, je savais quel métier je ferais, et je trouvais cela extrêmement frustrant – et inutile – de devoir passer par toutes les étapes habituelles : l'école, les examens, etc. Il me semblait que, tant que je ne faisais pas de musique, je perdais mon temps. Pour ne pas souffrir de cette situation, j'ai appris à avoir confiance en ma destinée et à prendre patience.

Cette réceptivité particulière vis-à-vis des gens et du monde me rend apte à écouter, sentir et comprendre ceux qui viennent vers moi. Je dirais à celles et ceux qui souffrent de leur très grande sensibilité que c'est une chance de percevoir des choses auxquelles d'autres n'ont pas accès. On n'est jamais trop sensible ! C'est un magnifique cadeau que la vie nous a fait et qui nous permet d'aider les autres et de faire du bien autour de soi.

MES Secrets

La musique comme bouclier

Dans les lieux publics, j'éprouve souvent des émotions et des sensations qui ne sont pas les miennes. Il m'est très difficile de reconnaître que ça ne vient pas de moi et de faire abstraction de ces énergies bruyantes et parfois même oppressantes.

J'ai donc trouvé un outil très pratique pour me protéger de cette agitation : des écouteurs sans fil et une bonne playlist. La musique que j'écoute me préserve et me transporte ailleurs, comme dans une bulle où je suis intouchable. Le fait de me concentrer sur ce que j'écoute me permet de me détacher de ce qui m'envahit par ailleurs.

En revanche, les séances de dédicaces sont des moments privilégiés où je ressens toutes les bonnes ondes des gens qui me soutiennent, de mon public. La bienveillance et l'amour dans lesquels je suis plongée me portent, me nourrissent, m'enveloppent toute entière. C'est extrêmement puissant et émouvant, et j'en ressors toujours épuisée mais pleine d'amour.

« Sans émotions, il est impossible de transformer les ténèbres en lumière. »

Carl Gustav Jung

(EN)QUÊTE SPIRITUELLE

Le fait d'avoir été souvent à l'écart pendant mon enfance m'a donné envie de comprendre pourquoi mon univers était si éloigné de celui des autres. À l'adolescence, je me suis donc tournée vers différentes spiritualités et pratiques à travers de nombreuses lectures. L'astrologie, l'étude des énergies, les auras, le spiritisme… tout cela me passionnait. À cette époque, j'ai pris conscience que le corps est beaucoup plus qu'une mécanique plus ou moins bien huilée. Il permet d'avoir accès à des mondes imaginaires, des sensations, des perceptions incroyables.

JE PARTAGE avec VOUS

La force de l'amour

Je crois beaucoup en l'idée d'un autre monde, invisible. Pour moi, ce que nous voyons n'est pas tout. Il existe d'autres choses. Cependant, les disciplines que j'ai étudiées ne m'ont pas toujours satisfaite ; l'astrologie, par exemple, ne m'a pas convaincue. Je suis certaine que cette étude conviendra à d'autres que moi, mais je n'y trouve pas ce qu'il me faut. Aujourd'hui, je crois surtout en la puissance de l'amour pour avancer dans le monde et entrer en relation avec les autres. L'amour de la vie et des êtres vivants est la clé du respect et du vivre-ensemble.

SUR LE CHEMIN DU VÉGÉTARISME

Je n'ai jamais été une grande carnivore, mais, depuis quelque temps, je ne mange plus du tout de viande. C'est simple, les dernières fois où j'en ai mangé, j'avais l'impression d'avoir un animal vivant dans la bouche. C'est surtout la prise de conscience de la maltraitance animale qui m'a poussée à arrêter. Ma sœur a eu ce déclic avant moi lorsqu'elle a découvert qu'il existait des boucheries chevalines : l'idée qu'on puisse manger du cheval – l'animal de son cœur – l'a énormément secouée et a mis un terme à sa consommation de viande. Je l'ai beaucoup admirée quand elle a pris cette décision, mais ça a mis un peu plus de temps à mûrir en moi. Dur, de renoncer aux spaghettis à la bolognaise…

Lorsque j'ai pris la décision d'écarter la viande de mon alimentation, j'étais prête à le faire sans regrets. Le changement s'est donc bien passé. Aujourd'hui, je mange encore du poisson, car il n'est pas question de changer de régime alimentaire du jour au lendemain. J'écoute mon corps et mes besoins en diminuant progressivement ma consommation de poisson pour trouver un équilibre. Cette attention particulière à mon alimentation m'a poussée à m'intéresser à ce qu'il y a de meilleur pour moi. Désormais, je mange plus sainement car je cuisine davantage de légumes et je prends le temps de me préparer de bons petits plats.

Anecdote...

J'ai un faible pour les pâtes !

Je suis une grande amatrice de pâtes et j'aime les décliner... à toutes les sauces ! Voici mes recettes préférées :

Les pâtes au fromage avec une belle assiette de légumes marinés : poivrons rouges, courgettes, cœurs d'artichaut, etc. →

← Les pâtes au saumon...

LA TARTE AU FROMAGE BLANC DE MA MAMAN

Ma mère est originaire de Strasbourg et elle fait cette tarte alsacienne depuis ma toute petite enfance. Autrefois, j'adorais la préparer avec elle, car la recette est assez facile à suivre. C'était un moment de partage entre ma mère, ma sœur et moi. Plus que la tarte en elle-même, c'était la crème au sucre vanillé qui restait au fond du bol après que nous avions enfourné le plat qui nous rendait folles. Nous étions trois à brandir l'index pour lécher le fond en attendant l'heure du goûter !

Tarte au fromage blanc (recette de tous les jours)

Préparation : 30 min / Cuisson : 30 min

Pâte brisée : 500 g
Fromage blanc : 300 g
Œufs : 4
Sucre : 100 g
Lait : 25 cl
Fécule : 50 g
Farine : 70 g
Un peu de vanille
et de zeste de citron

FOND

Foncer un moule ou cercle à tarte d'un diamètre de 25 à 30 cm et de 4 cm de hauteur environ avec la pâte brisée. Piquer le fond.

APPAREIL

Travailler le fromage blanc passé au tamis avec 4 jaunes d'œufs. Ajouter le sucre, le lait, la fécule, la farine, un peu de vanille et un peu de zeste de citron râpé. Mélanger en dernier à cet appareil les 4 blancs d'œufs montés en neige. Remplir le fond de tarte avec l'appareil. Cuire à four chaud.

Remarques

Pour éviter l'affaissement du fromage blanc et pour obtenir une surface bien lisse, retourner la tarte après cuisson (surface en dessous, fond de tarte au-dessus). Après refroidissement, remettre la tarte dans la position normale et saupoudrer largement de sucre glace.

MES Secrets

Petits plaisirs coupables

– *Le chocolat, avant toute chose.*

– *Le lait concentré sucré en tube.* J'en mets dans une cuillère à la fin du repas pour me faire plaisir. Il faut bien s'autoriser quelques excès !

– *La chantilly dans le café.* Je n'aime pas boire du café, mais ça me donne un coup de fouet le matin quand je suis un peu fatiguée. Pour adoucir ma boisson, j'ajoute du miel, du cacao en poudre et de la chantilly. Au bout du compte, ça n'a plus du tout un goût de café…

– *Le fromage.* Sur les pâtes, la pizza, en raclette, etc. J'aime le chèvre, le cheddar, le gruyère et la mozzarella.

– *Ne rien faire de la journée.* Ça m'arrive rarement, mais quand c'est le cas je reste en pyjama au lit avec un plateau-repas devant un bon film.

– *Remettre mon travail à plus tard pour regarder une série.* La dernière qui m'a faite frissonner : *The Haunting of Hill House*.

– *Ne pas répondre tout de suite à un message pour le plaisir de me faire désirer.* (Même si j'ai très envie de le faire dans la seconde…)

PRENDRE SOIN DE SOI COMME D'UNE *amie*

Le métier que j'exerce m'impose d'être toujours en forme, toujours disponible. Le temps que je passe à prendre soin de mon corps, à me nourrir sainement et à me maquiller est nécessaire à mon bien-être et à ma carrière. Ce sont des moments essentiels pour me préparer et me mettre dans de bonnes conditions.

EN MODE COCOONING

Après une journée de travail j'ai mes petits rituels pour me détendre.

– *Je me change pour me sentir bien.* Ma tenue relax : legging, T-shirt, gilet à capuche et chaussons roses tout doux.

– *Je me fais à manger,* quelque chose de simple et bon.

– *Je m'installe dans mon salon* pour préparer la journée du lendemain, m'assurer que j'ai tout ce qu'il faut et que je n'oublie rien. C'est une façon de classer les dossiers du jour et de sortir ceux du lendemain pour pouvoir ensuite me détendre et ne plus y penser.

– *Je joue avec ma chienne.*

– *J'écoute de la musique.*

– *Parfois, je travaille* sur une nouvelle chanson, tranquillement.

– *Je passe du temps sur les réseaux sociaux* pour répondre aux questions et rester connectée à celles et ceux qui me suivent et m'écoutent.

J'aime être assise par terre, en tailleur, rassemblée sur moi-même. Au sol, j'ai la sensation d'être ancrée dans la terre avec l'assurance que je ne tomberai pas. Chez moi, je suis tout le temps par terre, à hauteur de ma chienne pour la caresser et jouer avec elle, mais aussi quand je suis seule, pour manger et jouer de la guitare. Je ne me lasse pas de cette position !

OISEAU DE NUIT

Je ne suis pas une grande dormeuse, car la tombée de la nuit est un moment qui me stimule beaucoup. Mon cerveau entre en ébullition pour le meilleur et pour le pire. Parfois, je suis particulièrement créative avant de dormir, et c'est l'occasion d'écrire une nouvelle chanson. Mais, le plus souvent, je cogite ! Étant d'une nature anxieuse et perfectionniste, je pense aux dates de concerts qui approchent, je me mets à avoir très peur de ne pas être au niveau et cela se répercute sur mon sommeil.

Lorsque j'arrive enfin à m'endormir – souvent, ça ne vient pas avant 1 heure du matin –, je fais beaucoup de rêves dans lesquels je retrouve des éléments de ma vie quotidienne, des morceaux de ma journée, des peurs. Il arrive aussi qu'ils me transmettent des messages. Par exemple, pendant une période, je sentais que j'avais besoin de changement, et mes rêves me le confirmaient en me donnant des pistes.

Je leur accorde beaucoup de crédit et je m'intéresse aux images et aux symboles qui les peuplent. Lorsque j'ai fait un rêve dont je me souviens au réveil, je fais des recherches sur Internet pour déchiffrer et analyser les symboles qu'il contient. Je n'obtiens jamais une réponse précise, et c'est tant mieux : je préfère avoir plusieurs clés de lecture afin de trouver différentes interprétations possibles.

Mon pire cauchemar

C'est un rêve qui revient souvent, dans lequel je perds toutes mes dents. Je les sens tomber, et lorsque je passe ma langue sur mes gencives il n'y a plus rien. Mes cauchemars sont très réalistes et j'éprouve des sensations très claires et puissantes ; le réveil est donc toujours un soulagement !

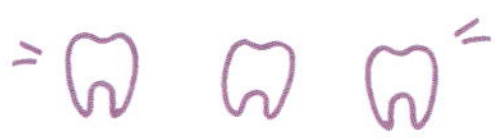

Mon plus beau rêve

Je suis dans une forêt magique comme celle de Sherwood (dans *Robin des bois)* ou Brocéliande – forêt mythique peuplée de druides et de créatures magiques. De toutes petites fées scintillent et clignotent lorsqu'elles s'envolent ; je me rends compte que, moi aussi, je peux voler, et je m'élance entre les arbres avec une joie sans limites. Il y a du vert tout autour de moi, et je ne vois plus que les plantes. Chose étrange, dans ce rêve, je ne vole pas très haut… Je suis à deux mètres à peine du sol, mais c'est tout aussi génial que si j'étais dans les nuages !

Trouver le sommeil

Je me fais une tisane au miel avant de dormir. La chaleur m'apaise et m'enveloppe d'une douce énergie, propice à l'endormissement.

Je regarde de belles images sur Pinterest. À partir d'un mot-clé, je nourris mon imagination au lieu de compter les moutons. J'aime les images de nature, les arcs-en-ciel, les belles lumières, les bébés animaux qui me font craquer… En fonction de la période, j'ai des envies différentes.

MES Secrets

Bienvenue dans ma salle de bains

C'est une pièce importante de mon appartement, dans laquelle je me sens vraiment bien. Elle est dans les tons gris, et je l'ai décorée avec des LED bleues et des serviettes rose pâle. J'ai des petites corbeilles ornées de rubans roses, dans lesquelles je range mes produits cosmétiques, des parfums et des cotons. J'adore prendre des bains ; j'évite de le faire souvent pour ne pas consommer trop d'eau et préserver l'environnement, mais je m'autorise une fois de temps en temps un bon bain chaud pour me relaxer. J'utilise alors un bain moussant à l'odeur marine qui me rappelle les embruns. Je place un petit coussin gonflable sous ma nuque et pose un gant chaud et humide sur mon visage. Une musique d'ambiance sur mon téléphone me berce pendant ce moment de détente : un bruit de cascade, des chants d'oiseaux, une mélodie à la flûte de pan... Il n'est pas rare que je m'endorme quelques minutes lorsque je parviens vraiment à me détendre dans la chaleur et la buée.

Si je le pouvais, j'aurais un grand écran face à la baignoire avec un plan fixe de nature : rivière, cascade ou plage !

MIROIR, MON BEAU MIROIR

Quand je me regarde dans le miroir… C'est pour me maquiller… Sinon, j'évite ! Car, dès que je me concentre sur mon reflet, je trouve quantité de choses qui ne vont pas. J'ai bien conscience que j'ai de la chance d'avoir un corps en bonne santé mais, c'est comme ça, je n'ai pas confiance en moi. J'aimerais pouvoir me dire que je n'ai pas besoin de me maquiller pour sortir, mais, pour l'instant, je me sens mieux avec ce masque qui me protège du monde extérieur. Le maquillage me donne l'impression de maîtriser et contrôler l'image que je renvoie et, comme j'exerce un métier d'image, c'est très important pour moi.

Dans mon corps, j'aime… Mes yeux. C'est la seule chose que je n'ai vraiment pas envie de changer.

Quand on me prend en photo… Ce n'est pas facile pour moi. J'insiste pour qu'il y ait plusieurs prises avant d'en choisir une et ça peut durer longtemps ! Lorsque je fais des selfies pour les réseaux sociaux, je recommence dix fois, car il y a toujours un détail qui ne me plaît pas, un défaut qui me saute aux yeux. Heureusement, il y a des filtres qui me sauvent ; je l'assume, ces filtres me rassurent. Pour moi, ils sont comme un deuxième maquillage.

Une séance photo plus facile que les autres : La séance de Nashville. J'avais passé une semaine particulièrement agréable et je me sentais vraiment bien. Par ailleurs, la maquilleuse et la coiffeuse avaient fait un très joli travail, à la fois simple et glamour. J'étais assez peu maquillée, mais les couleurs naturelles – *nude* et brun – faisaient ressortir mes yeux et mettaient mes traits en valeur. Quant à la coiffeuse, elle a mis du mouvement dans mes cheveux en dessinant quelques boucles. Je me suis rarement trouvée aussi jolie que ce jour-là, et les photos m'ont immédiatement plu.

Comment JE FAIS pour...

Mon rituel maquillage

Tous les matins, il s'agit d'un temps que je me consacre, pendant lequel je prends soin de moi. J'ai besoin de m'accorder cette demi-heure pour commencer ma journée, car c'est une habitude qui m'apaise et me redonne de l'énergie.

Avec un coton-tige imbibé d'eau de bleuet naturelle, je tamponne le contour de l'œil pour enlever les résidus de mascara de la veille. L'eau de bleuet a des vertus décongestionnantes et défroissantes.

Je me masse le visage avec une crème de jour.

Je mets du mascara pour souligner mon regard.

Je mets de l'anticernes pour ouvrir le regard et ajouter une touche d'éclat sous mes yeux.

Sur la paupière, je dépose de l'ombre à paupières couleur prune et, sous le sourcil, de l'ombre beige pour agrandir l'œil : en parfait accord avec mes yeux bleu-vert.

Je trace un trait fin d'eye-liner au ras des cils. À une époque, je dessinais un trait noir au-dessus et en dessous de manière à entourer totalement l'œil, mais depuis peu j'ai opté pour un liseré plus fin et plus doux.

Pour avoir meilleure mine, je mise sur une poudre teintée pêche, légèrement pailletée, sur les joues.

Et je termine avec un baume hydratant pour mes lèvres, qui sont souvent sèches.

MES PARFUMS

J'aime les parfums légers, sucrés et fleuris. J'achète toujours des eaux de toilette plutôt que des eaux de parfum car elles sont plus légères et ne me donnent pas mal à la tête. J'alterne entre plusieurs flacons. Voici les principaux :

Lady Million,
Paco Rabanne

Parisienne,
Yves Saint Laurent

Arizona,
Proenza Schouler

Chance,
Chanel

Miss Dior Chérie,
Christian Dior

JE PARTAGE avec VOUS

Quelques conseils make-up

J'adore le maquillage, tous mes proches le savent et on me demande souvent des conseils ! Je le considère vraiment comme un remède pour se sentir mieux et une aide pour sublimer sa beauté. On croit à tort que le maquillage change le visage ; en réalité, si on l'utilise avec parcimonie, il sert surtout à le mettre en valeur.

Trouver la bonne couleur en un clin d'oeil

Il vaut mieux privilégier des teintes chaudes pour les yeux clairs. Brun, *nude*, prune, orange, kaki : ces couleurs font ressortir les yeux bleus et les yeux verts. Pour des yeux plus foncés, on peut se permettre des couleurs plus froides comme des bleus ou des verts vifs, mais également du doré ou du rose pâle, avec une nuance plus violette au coin de l'œil pour créer une ombre, un dégradé.

Les yeux ou les lèvres ?

Pour un maquillage ayant un effet plus naturel, il vaut mieux choisir entre les deux. Mais cette règle ne tient plus quand on sort et qu'on veut un look de soirée ! En réalité, chacun fait comme il veut : il faut avant tout se faire plaisir.

Le juste équilibre du teint

Le fond de teint ou la poudre en quantité bouchent les pores et empêchent la peau de respirer. Il faut donc veiller à ne pas en mettre trop, sinon on entre dans un cercle vicieux, puisque cela crée des boutons et qu'on en rajoute une couche pour les masquer.

La qualité plutôt que la quantité

Selon moi, mieux vaut un seul produit d'une bonne marque qu'on gardera longtemps parce qu'on l'utilisera avec soin pour ne pas le gâcher. J'ai tendance à privilégier les cosmétiques bio, car ils sont moins agressifs pour la peau et contiennent moins de substances nocives (perturbateurs endocriniens, agents cancérigènes, etc.). Mais, pour être honnête, je n'en fais pas une religion ! Pour ce qui est de mon alimentation, en revanche, je consomme presque exclusivement des légumes bio.

Et la coiffure ?

Je trouve que les cheveux longs sont un symbole de féminité. Toute petite, déjà, j'étais fascinée par les chevelures abondantes de mes héroïnes de mangas et de dessins animés. Il n'était pas question qu'on me coupe les cheveux ! Ma grand-mère a réussi à m'emmener chez le coiffeur une fois : j'en suis ressortie avec une coupe au carré et en larmes. Depuis ce jour, je n'ai plus toléré qu'on y touche sans mon autorisation.

Cependant, il m'arrive toujours de faire des bêtises avec mes cheveux… Il y a peu, j'ai essayé un *tie and dye* en me faisant décolorer les longueurs. Le résultat était assez joli, mais mes cheveux ont été très abîmés. Ils étaient plus cassants, plus fourchus, et j'ai dû les couper pour les régénérer.

Conseil beauté :

Je recommande de faire des masques au beurre de karité assez régulièrement pour protéger les cheveux des agressions extérieures.

DANS MON DRESSING

Dans ma chambre, un large placard avec miroirs fait office de penderie. J'ai beaucoup de vêtements : des costumes de tournage, des tenues de scène et mes vêtements du quotidien. La pièce est bien rangée mais, derrière la porte du placard, les piles ressemblent davantage à des tas chancelants. Pour le reste, je suis très soigneuse et j'aime que mon appartement soit propre et ordonné, car il me tient à cœur qu'on se sente bien chez moi.

En réalité, j'ai plus de vêtements que je n'en porte. Au bout du compte, lorsque je m'habille, c'est assez simple, car je choisis des vêtements basiques dont je sais qu'ils vont bien ensemble. Parfois, j'aimerais bien adopter un look un peu plus extravagant et original, et puis j'oublie !

Une fois par an, je fais un grand tri : j'en donne une partie à des proches et une autre à des associations pour des gens dans le besoin.

Je dors avec : Un pantalon de pyjama, fin et léger, et un débardeur.

Les marques que je préfère : Je suis attentive à ce que font les grands couturiers car ce sont eux qui dictent la mode. Pour ma part, je m'achète des vêtements plus accessibles chez Zara, et parfois je me fais un petit plaisir chez The Kooples, dont j'aime l'esprit rock et glamour.

Les tenues qui me conviennent le mieux en ce moment

Une veste en cuir sur un petit top un peu décolleté bordé de dentelle

Une jupe légèrement au-dessus du genou

Des bottines un peu rock avec un jean déchiré

Vivre passionnément

Ma vie s'articule entre la chanson et la comédie mais je nourris mon imaginaire en lisant, en regardant des séries et, surtout, en ressentant. L'Amour est essentiel pour moi et il colore chaque partie de ma vie.

CONSEIL DE LECTURE

Où es-tu ?

J'aime la façon dont Marc Levy traite les relations de couple et décrit les liens entre les gens ; sa sensibilité me touche particulièrement.

Résumé Susan et Philip se connaissent et s'aiment depuis l'adolescence. Elle est très indépendante, et lui, très romantique. Suite à de violents ouragans en Amérique centrale, Susan ressent le besoin de partir pour aider les victimes. Leur amour se transforme alors en relation épistolaire. Philip apprend qu'il y a eu un séisme là où vit Susan, et, à partir de ce moment, il ne reçoit plus ses lettres. Tout le monde la croit morte, et Philip décide de refaire sa vie, mais il reste hanté par le souvenir de son premier amour. Jusqu'au jour où…

Ce qui me bouleverse Au cours de la lecture, il est très facile de s'identifier à ces personnages qui vivent un amour impossible. J'attends le moment de leurs retrouvailles, le cœur battant, et je me rends compte que nous sommes tous marqués par notre passé. Je referme le livre avec l'idée qu'il faut se donner les moyens de vivre sa vie sans regrets.

LES SÉRIES DE MON ENFANCE

Sept à la maison

J'ai grandi dans une famille très aimante mais pas très nombreuse, alors cette série qui raconte le quotidien d'une famille où règne un esprit de tribu m'a toujours fait rêver. J'aimais les valeurs véhiculées par ce feuilleton : le partage, la solidarité, l'entraide, l'écoute ou encore la générosité. J'aurais adoré avoir un grand frère en plus de ma sœur.

Charmed

Les univers magiques m'ont toujours fascinée. Celui des sorcières de *Charmed* avait la particularité d'être maintenu dans l'ombre et le secret pour pouvoir cohabiter avec le monde des humains. Je trouvais cela merveilleux d'avoir des pouvoirs que l'on ne doit pas révéler, de garder un secret que les autres sont très loin d'imaginer. Le personnage de Prue Halliwell, la sœur aînée qui est brune aux yeux clairs, me donnait envie d'être moi aussi une sorcière !

Dawson

Des histoires d'amour ! C'était le sujet central de cette série qui tourne autour de déceptions, de trahisons et de non-dits. Je m'identifiais très facilement aux personnages, j'étais happée par les intrigues, et mon empathie pour Joey Potter, l'héroïne, n'avait pas de limites. Je souffrais avec elle des malentendus qui surgissaient toujours entre Dawson et elle. Le personnage de Pacey me plaisait beaucoup plus que Dawson lui-même, car je le trouvais moins lisse. Son humour le rendait un peu plus sale gosse, et je préférais largement !

LA DANSE ORIENTALE

À dix-huit ans, je suis allée au Maroc avec mes parents, leurs amis et les enfants de ces derniers. Nous avons séjourné à Agadir, entre la mer et la fameuse montagne sur laquelle on peut lire l'inscription « Dieu, la Patrie, le Roi ». Dans le club de vacances où nous logions, je me suis fait une bande d'amis avec lesquels je passais beaucoup de temps et qui m'ont fait découvrir la danse orientale. Petite, je faisais du classique, et j'ai toujours aimé danser, mais là j'avais trouvé mon bonheur ! Ce n'était pas tant la danse du ventre qui me plaisait que le jeu des voiles et les mouvements amples et gracieux des bras. La tenue à paillettes ainsi que les grands tissus colorés me faisaient rêver.

« La musique donne une âme au cœur et des ailes à la pensée. »

Platon

Dans le livret de mon premier album, on me voit d'ailleurs en tenue de danseuse orientale, clin d'œil à cette passion. Cela m'a également donné le goût des musiques orientales, notamment les chants de femmes : ils font vibrer les cordes de mon âme.

L'AMOUR & MOI

L'Amour, je l'ai toujours idéalisé. Nourrie par les dessins animés et les films romantiques, je crois depuis ma plus tendre enfance que l'amour parfait, éternel et bienveillant existe et qu'il suffit juste de trouver la bonne personne. Pour moi, l'amour est la chose la plus fragile qui soit au monde. C'est une force extraordinaire qui peut nous faire gravir des montagnes et décrocher la lune quand tout va bien, mais elle peut aussi nous détruire totalement. À partir de ce constat, j'ai compris que l'amour est un sentiment qu'il faut entretenir et dont il faut prendre soin. Je pars du principe que ce qui compte dans la vie c'est d'aimer, et peu importe qui notre cœur choisit d'aimer, l'essentiel est qu'il aime… et d'être heureux.

Anecdote…

Ce jour-là

À l'école, j'enviais les garçons et les filles qui sortaient ensemble, car ils semblaient heureux. À l'époque, j'avais une amie avec laquelle je partageais une passion pour le dessin. On passait beaucoup de temps ensemble et on était très complices ! Et puis, un jour, elle m'a dit qu'elle m'aimait… J'ai été un peu perturbée, car, moi, la personne dont je rêvais était un garçon, mais l'idée que l'amour est si puissant qu'il ne se limite pas au schéma fille + garçon m'a beaucoup plu. Notre relation est restée purement amicale, mais ce jour-là j'ai découvert que l'amour pouvait s'exprimer de plusieurs façons.

QUELLE AMOUREUSE JE SUIS ?

Entière. Lorsqu'une personne entre dans ma vie, je lui fais une vraie place et j'envisage un avenir avec elle. Je suis réaliste et donc consciente que certaines relations ne durent pas, mais je me donne les moyens de faire fonctionner le couple. Selon moi, la vie amoureuse se cultive et il faut pouvoir s'y consacrer pleinement. Si je suis amoureuse, je donne ma confiance à **100 %** et je suis capable de tout pour l'élu de mon cœur.

Intransigeante. C'est le revers de la médaille… Mon cœur ne survit pas à la déception. Je le dépose, fragile et palpitant, entre les mains de mon amoureux. Si je suis trahie, mon cœur se brise. Je parviens souvent à ravaler ma peine pour redonner une chance à l'histoire, mais je cicatrise mal, et les blessures finissent toujours par se rouvrir.

Fidèle. Nombreux sont ceux qui considèrent que la fidélité est un fantasme, mais je m'y tiens et je l'exige autant de mon partenaire que de moi-même. Cela rejoint d'ailleurs l'une de mes devises : « Ne fais pas aux autres ce que tu ne voudrais pas qu'on te fasse. » J'ai un idéal amoureux digne des plus beaux contes de fées. « Ils se marièrent et eurent beaucoup d'enfants. » Au fond de moi, j'y crois toujours, malgré les déceptions.

Passionnée. J'aime sourire toute la journée, avoir des papillons dans le ventre, rêver de l'autre. La passion me donne envie de le retrouver le soir, de partir en vacances et de passer le plus de temps possible avec lui. Lorsque la relation s'installe et grandit, elle fait naître en moi l'envie de fonder une famille.

Confidente. J'espère offrir à mon amoureux l'épaule sur laquelle il viendra s'abandonner, se confier, pleurer et rire. J'aime avoir de longues conversations au cours desquelles le temps semble s'arrêter autour de nous. Pour moi, la confidence est une partie importante dans une relation amoureuse. Elle permet à la fois de mieux se connaître, de découvrir l'intimité de l'autre et de savoir se parler lorsque ça fonctionne moins bien. Je suis persuadée que la communication est la base du couple !

Attentionnée. C'est un travail de tous les jours de conquérir la personne que l'on aime. Il faut trouver le bon équilibre : tenter de lui faire plaisir le plus possible, mais sans l'envahir non plus. Savoir laisser de la liberté à l'autre, être à son écoute, respecter ses envies et ses goûts même si ce ne sont pas les nôtres. Lui montrer qu'on sera toujours là pour lui, pour elle, quoi qu'il arrive.

À deux, j'aime...

Discuter de tout, de rien, de nous...

Aller au cinéma et partager un moment d'émotion ou de frisson dans le noir.

Passer la journée dans un parc d'attractions pour jouer ensemble, avoir des fous rires, manger des barbes à papa, redevenir des enfants, tout simplement...

Partir à l'aventure en *road trip*. Rouler pendant des jours avec à peine quelques affaires dans le coffre. Savoir d'où on part mais pas où on sera le lendemain.

À deux, j'aimerais...

Aller dans le Grand Nord et dormir dans une bulle vitrée au milieu de la nature, les yeux dans les étoiles, émerveillés par les aurores boréales.

PREMIÈRES FOIS

Premier amour À la maternelle, un petit blond aux yeux bleus. C'était mon amoureux !

Premier baiser Toujours avec le petit blond…

Premier « je t'aime » À quinze ans, je suis partie en croisière avec mes parents pendant les vacances de Noël. Juste avant le départ, j'avais lu mon horoscope. Il était écrit : « Balance. Attention, coup de foudre ! Vous allez rencontrer votre prince de Noël. » Un jour, alors que j'étais sur le pont du bateau, mes parents m'ont envoyée chercher quelque chose dans la cabine. Là, le téléphone sonnait, mais, à chaque fois que je décrochais, personne au bout du fil. Je suis remontée sur le pont et, pas loin de moi, sur un transat, un très beau garçon s'est tourné vers moi et m'a dit : « C'est moi qui ai essayé de t'appeler. » Je l'attendais… C'était lui, mon prince de Noël.

Premier chagrin Évidemment, le « prince de Noël » …

Anecdote...

Un prince sur mesure

Je n'ai jamais été comme toutes les filles de ma classe, qui parlaient constamment des garçons de l'école : moi, j'inventais mon propre prince charmant en m'inspirant d'un personnage que j'avais vu dans un film et en le modifiant selon mes goûts et mes envies. Par exemple, comme j'adorais Leonardo DiCaprio, je rêvais d'un homme qui aurait son physique et le caractère de son personnage dans *Romeo + Juliette*, mais qui ne serait rien qu'à moi. Je ne prêtais pas vraiment attention aux garçons qui m'entouraient ; c'est d'ailleurs toujours le cas aujourd'hui ! Je restais dans ma bulle, à attendre mon prince, et cet état d'esprit est la raison pour laquelle je n'ai jamais « dragué » qui que ce soit !

CHAGRINS D'AMOUR : SE RELEVER, TOUJOURS

Ma vision idéalisée de l'amour m'a valu bien des déceptions et des souffrances : j'étais d'une telle naïveté que je ne pouvais pas imaginer qu'un garçon puisse vouloir autre chose d'une fille que son cœur. Malgré cela, je n'ai jamais renoncé à croire en mon rêve.

Le plus difficile, dans une rupture, c'est le sentiment d'échec et le fait de devoir perdre toutes les petites habitudes de couple qui nous rassuraient et constituaient notre quotidien. Mais, lorsque ça ne fonctionne plus des deux côtés depuis un certain temps et que ça empire de jour en jour, il ne faut pas insister.

Pour moi, en amour, c'est comme dans un casting : ce n'est pas parce qu'on enchaîne les échecs qu'on n'aura jamais le rôle de sa vie. Si ça n'a pas marché, c'est que ce n'était pas le bon, tout simplement ; et chaque échec contribue à nous rendre plus fort. Avec le temps, j'ai appris à me protéger davantage et je n'accorde pas immédiatement ma confiance. Ce que j'ai traversé de plus douloureux, en amour, c'est la trahison. Il faut croire que c'est un excellent moteur pour composer des chansons ! Quand je suis heureuse et amoureuse, j'écris moins que lorsque je traverse un chagrin d'amour…

« Un chagrin d'amour ne dure que jusqu'au prochain amour. »

Pierre Perret

MON CASQUE AUDIO

Où ? Lorsque je suis chez moi, je me sens comme un animal sauvage à l'abri dans son terrier. Mon casque m'offre une bulle dans ma bulle, où je suis doublement en sécurité et où je perçois la musique différemment, singulièrement. Donc, mon casque reste chez moi, toujours chez moi !

Quand ? À tout moment de la journée, que ce soit pour travailler sur un morceau que j'ai commencé à composer et que j'ai enregistré sur mon téléphone ou bien pour écouter tout autre chose et m'évader.

Comment ? Je m'allonge sur mon lit ou je m'assieds par terre, le dos contre mon canapé, et parfois je ferme les yeux…

Pourquoi ? Pour me couper du monde extérieur et atterrir sur une autre planète.

Que se passe-t-il quand je ferme les yeux ? Quantité d'images me passent par la tête. Souvent, je revis la même histoire : je me vois en haut d'une montagne. J'ai l'impression que je vais sauter et m'envoler, transportée dans le ciel par les nuages. L'immensité du décor et ma solitude tranquille me paraissent très familières. Comme si j'avais déjà vécu une telle expérience…

AVANCE

J'ai écrit cette chanson pour le premier album, mais faute de place nous avons décidé, Jean-Luc Azoulay et moi, de la mettre de côté pour le deuxième. À l'époque où je l'ai composée, j'étais pleine d'énergie. Ma carrière de chanteuse débutait, et j'étais très enthousiaste.

C'est l'histoire d'une fille qui croque la vie à pleines dents. J'aime l'idée que j'étais prête à foncer, comme cette fille dans ma chanson qui est sûre d'elle et déterminée à se battre pour réussir.

Ce morceau symbolise le moment où j'ai pu réaliser mon rêve et devenir chanteuse. Énergique et positif, il retranscrit tous les chemins qui se dessinaient devant moi et les portes qui s'ouvraient.

« Je ne sais pas où je vais
Mais je suis du genre à foncer
On peut essayer de me freiner
Rien ne peut me stopper. »

L'héroïne rencontre un garçon qu'elle emporte dans le tourbillon de sa vie en lui disant qu'il peut lui faire confiance car elle mène la barque.

Il y a deux idées fondamentales pour moi dans le texte :

1. Je suis indépendante. On peut essayer de me ralentir, mais rien ne m'arrête.

2. Un couple ne peut fonctionner que si on se tire mutuellement vers le haut.

« Avance
Ferme les yeux, fais-moi confiance
J'avancerai toute ma vie dans l'insouciance.
Tu toucheras le ciel,
Tu te sentiras pousser des ailes
Si tu me fais confiance. »

Mes anges gardiens

« Les seuls beaux yeux sont ceux qui vous regardent avec tendresse. »

Coco Chanel

MES MODÈLES *féminins*

Certaines femmes m'inspirent ; je les admire pour la façon dont elles gèrent leur vie tant professionnelle que personnelle. Je n'ai pas un seul et unique modèle, je préfère piocher plusieurs qualités chez différentes femmes et construire mon propre idéal féminin qui me sert de guide et d'objectif. Par exemple, j'aime la beauté de Megan Fox, actrice et mannequin, dont le visage et la longue chevelure me fascinent. Je retrouve également dans les traits de l'actrice Ruby Rose un côté androgyne qui me rappelle l'époque où je ne me sentais pas très féminine : je me sentais beaucoup mieux avec un jean et des baskets qu'en jupe courte et décolleté !

WHITNEY HOUSTON

J'avais sept ou huit ans quand j'ai découvert l'existence et la musique de Whitney Houston. Cette femme intelligente, forte et fragile à la fois, m'a immédiatement touchée et j'ai été bouleversée par son histoire. Tout au long de sa vie, elle s'est battue pour sa passion, et son talent fou a toujours représenté une bouée de sauvetage quand elle traversait une tempête ; malheureusement, elle n'a pas survécu au lien destructeur qui l'unissait à son mari.

Enfant, j'écoutais ses chansons en boucle et je les chantais pour moi. J'avais pour objectif de parvenir à maîtriser *I Will Always Love You*, mais j'avais peur à chaque fois d'attaquer le refrain. Aujourd'hui, je manque toujours de confiance pour l'interpréter en public, pourtant, quand je suis seule dans ma chambre, je me lâche totalement… et j'y arrive !

Quand je l'écoute, j'aime suivre un petit rituel pour rendre hommage à cette chanteuse et accueillir la musique : je me retrouve avec moi-même, allongée sur mon lit, je ferme les yeux et je me laisse transporter par sa voix angélique.

Mes morceaux préférés de Whitney Houston

- **I Will Always Love You**
- **I Have Nothing**
- **When You Believe, avec Mariah Carey**
- **I Look to You**

TAYLOR SWIFT

J'adore son univers girly, romantique et très moderne. Je retrouve en elle l'adolescente et la grande amoureuse que j'étais ! À moitié innocente, à moitié guerrière, elle se relève toujours et ramasse les miettes de son cœur brisé avec détermination : ce mélange de vulnérabilité et de force me parle beaucoup.

J'ai découvert Taylor Swift en 2009, avec sa chanson *Love Story*. C'est une histoire d'amour qui naît sur un campus universitaire américain. Je l'ai écoutée en boucle... Dans son dernier album, *Reputation*, on sent qu'elle quitte progressivement le monde de l'enfance et qu'elle grandit à travers sa musique. Nous avons quasiment le même âge et je m'identifie à cette transformation progressive. Je la suis sur les réseaux sociaux car elle poste beaucoup de choses sur son travail et sur les gens avec qui elle collabore. Comme elle, j'aime communiquer sur les personnes qui m'entourent dans ma vie professionnelle.

Le clip que je préfère : *We Are Never Ever Getting back Together*. Il me fait rire et me donne la pêche. J'apprécie sa folle énergie qui pousse à faire la fête et à se déguiser : elle ne se prend pas au sérieux, et j'aime ça !

BUFFY SUMMERS

Elle est un personnage fictif mais elle représente un idéal féminin ! Je suis une grande fan de la série et de la collection de livres. J'en ai une étagère pleine ! Lorsque j'étais petite et qu'une saison touchait à sa fin, je me replongeais dans les livres correspondants. J'aimais l'univers du campus qui se transforme à la nuit tombée et j'aimais le personnage de Buffy avant tout, le fait qu'elle cache sous son aspect de petit bout de femme une force et une puissance inégalées. Je rêverais d'être capable de me défendre comme elle le fait ! Je me souviens d'elle comme étant une femme intelligente, droite et réfléchie… Elle est entourée d'une aura de mystère car elle se livre peu : elle traverse beaucoup d'épreuves tout au long de la série, et son statut de tueuse fait qu'elle est très seule malgré son groupe d'amis, et souvent incomprise.

Anecdote…

Ode à Angel

Au cours de la série, Buffy a plusieurs histoires d'amour, mais ma préférée reste de loin sa toute première : celle avec Angel. Ils s'aiment mais ne peuvent pas être ensemble comme ils le voudraient, car un seul instant de pur bonheur ferait perdre à Angel son âme… Cette histoire d'un amour impossible, passionné et pur, m'a toujours fait rêver !

MA *famille*

Ma famille est très importante pour moi : je sais que mes proches seront toujours là pour me soutenir et m'accompagner. Depuis toute petite, je tiens à les rendre fiers de moi !

MON PORTRAIT PAR GILLES, MON PÈRE

« Elsa est une fille à la fois très féminine, coquette et particulièrement riche intérieurement. Bien qu'elle soit devenue une jeune femme, je vois toujours la petite fille en elle… Enfant, elle préférait le calme de sa chambre à l'agitation de l'école : la maison était un cocon très douillet, dans lequel elle se sentait bien. Je me souviens d'elle comme étant une petite fille solitaire et relativement repliée sur elle-même. Elle s'exprimait avant tout par le dessin. C'était sa façon de partager son monde intérieur et ce qu'elle ressentait mais qu'elle n'arrivait pas à formuler.

Elsa tient son côté artiste de sa mère et son côté réaliste et pragmatique de moi. Elle a exprimé très tôt le désir de devenir chanteuse et comédienne, mais je l'ai poussée à faire des études ; dans le monde dans lequel nous vivons, il est important de passer son bac. Après ce diplôme, j'ai insisté pour qu'elle poursuive à l'université et, quand elle a reformulé son désir d'être actrice, j'ai accepté de l'accompagner dans cette voie car elle s'était donné les moyens de réussir. Néanmoins, à chaque période de doute ou de remise en question, je lui ai rappelé qu'il fallait qu'elle assure son avenir par des études. Lorsque les castings ne se concrétisaient pas, je l'ai poussée à faire une école de navigante et elle a obtenu son brevet. Un peu plus tard, au Canada, elle a repris l'anglais. Il est important pour moi de la soutenir dans sa vie professionnelle et cela passe aussi par le fait de lui répéter combien il est essentiel de garder les pieds sur terre.

Je m'entends bien avec Jean-Luc Azoulay, son producteur qui joue le rôle de père artistique ou de mentor. Il m'associe aux discussions, ce qui me rassure. C'est lui qui lui a mis le pied à l'étrier et, si Elsa mène aussi bien sa carrière aujourd'hui, c'est en partie grâce à Jean-Luc. En outre, il lui permet d'écrire ses propres chansons et de prendre part à la création de ses albums.

Aujourd'hui, je la trouve débrouillarde et mature. Lorsque je la vois en interview, je suis épaté ! Elle est très à l'aise, elle improvise… elle est particulièrement épanouie dans son travail.

Anecdote…

Famille d'artistes !

« Elsa a quelque chose de ma mère, qu'on appelait Gigi. Elles se ressemblent physiquement – deux brunes aux yeux-bleu vert – et toutes deux ont en commun de plaire beaucoup aux hommes. Quand Gigi était encore en vie, elle trouvait Elsa très jolie et l'emmenait souvent prendre le thé dans de grands hôtels pour qu'on la voie avec elle. Elle en était très fière et disait au sujet d'Elsa : « Il faut qu'elle chante, qu'elle fasse du ciné ! ». Mon seul regret est que ma mère n'ait pas vu Elsa sur scène ou à la télé. J'ai découvert que, soixante-dix ans avant Elsa, ma mère avait voulu arrêter le cinéma après un chagrin d'amour pour devenir… hôtesse de l'air. Drôle de coïncidence !

LA JEUNE FRANÇAISE GILBERTE BEAUDOUX qui a été starlett et veut devenir hôtesse de l'air.

Quant à mon père, il passait son temps à écrire car il rédigeait des rubriques pour des revues. Il avait une jolie plume et une grande aisance. Par ailleurs, il dessinait et a obtenu des prix d'arts décoratifs. C'était l'artiste de la famille ! Elsa lui rendait visite et il lui lisait ses textes. Je pense que ma fille tient de lui son goût pour l'écriture et le dessin. »

Si Elsa était...

Un animal : elle serait un chat, parce qu'elle est indépendante.
Une plante : une rose.
Un pays ou une ville : Paris, c'est là qu'elle est née, qu'elle a grandi et qu'elle vit.
Un objet du quotidien : un crayon parce qu'elle dessine, elle écrit.
Un mot : beauté. Elsa est attentive à la beauté des choses et du monde.
Un film, un livre : *Le Roi Lion*.
Un super pouvoir : le pouvoir de voler. Son logo lui donne des ailes !
Une créature légendaire : une (petite) sirène.
Une chanson : hmmm... je ne sais pas laquelle choisir, il y en a tant !
Un instrument de musique : la guitare, sans aucun doute.
Un fruit : la pêche, parce qu'elle est douce.
Une odeur : l'air marin chargé de sel.
Un bruit : tout ce qui est musical.
Une devise : « Aller au bout de ses rêves. »
Une émotion, un sentiment : la sensibilité.
Un des cinq sens : l'ouïe, pour l'oreille musicale.
Un personnage de fiction : la Petite Sirène.
Une partie du corps : les yeux.

De cœur à cœur

Je te souhaite, ma fille, de faire ce que tu as toujours voulu faire. Il vaut mieux avoir des remords que des regrets ! Ta carrière est déjà une belle réussite ! Je te souhaite également de trouver ton épanouissement dans ta vie personnelle, amoureuse et familiale. »

MON PORTRAIT PAR MARTINE, MA MÈRE

« Elsa est la prunelle de mes yeux… Je voulais absolument avoir une fille et je suis une maman comblée ! Sa naissance a été le plus beau jour de ma vie. Je me souviens, comme si c'était hier, du moment où on l'a posée sur mon ventre. J'étais tellement heureuse que j'ai refusé qu'on la mette à la pouponnière de l'hôpital pour que je puisse me reposer. Tous les soirs, je me promenais dans les couloirs de la maternité pour la bercer et, jusqu'à l'âge de deux ans, Elsa s'est endormie dans mes bras. Durant toute son enfance, je lui ai lu des livres le soir en la couchant. Lorsque nous partions en vacances en famille, mon beau-père disait à Elsa : « Va endormir ta mère » car je tombais souvent de fatigue sur le livre que je lui lisais…

Petite, elle vivait dans son monde de rêves et de magie. Elle était assez solitaire et préférait son indépendance et l'intimité de sa chambre plutôt que les jeux avec les copines. Avec ses poupées, elle se racontait des histoires. Bien sûr, elle chantait, dessinait et adorait se déguiser. Je me disais que c'était la petite fille par excellence. Aujourd'hui, je la trouve toujours aussi jolie – bien sûr, je suis sa mère ! – mais elle ne s'en rend pas compte et ne se trouve pas belle. Elsa est toujours aussi rêveuse et secrète que lorsqu'elle était enfant, mais cela ne l'empêche pas d'être ouverte aux autres : j'admire ses qualités de cœur. Avec moi, elle a toujours été tendre et attentionnée. Je constate qu'elle est tout aussi généreuse et aimante avec son public qui lui donne beaucoup d'amour.

J'ai été une vraie mère poule et, parfois, je me dis que je l'ai trop couvée. Mais son père lui donnait davantage de structure. Aujourd'hui encore, nos rôles de parents sont très définis. Lorsqu'Elsa appelle son père, c'est pour des questions professionnelles, des décisions à prendre, des contrats à signer. En revanche, elle m'appelle pour se confier ou pour des conseils de santé : « Maman, je suis malade ! Qu'est-ce que je prends pour me soigner ? »... Nous partageons encore beaucoup de choses. Nous faisons du shopping, nous allons au cinéma, nous nous confions l'une à l'autre et je suis de près les étapes de sa création. J'aime beaucoup qu'elle me fasse écouter ses chansons.

Elsa et la musique

Notre famille a toujours eu un lien particulier avec la musique. Ma grand-mère jouait du piano ; quant à mon père, son grand-père, il chantait régulièrement. Il était président de l'association des directeurs commerciaux de France et il animait les soirées en reprenant des chansons de Tino Rossi. Moi-même, quand j'étais enceinte d'elle, je lui jouais du piano. Je me disais qu'elle entendrait et qu'elle serait bercée par le son. En effet, Elsa s'est mise à chanter très jeune et en toutes circonstances. Lorsqu'on partait en vacances, elle était de tous les spectacles de chant et de danse. Pendant les repas de famille, elle nous imposait le silence en annonçant : « Je vais vous chanter une chanson. ». Quand elle se mettait à chanter, elle avait un sacré tempérament. Elle voulait qu'on l'écoute ! Il y avait deux domaines dans lesquels elle savait ce qu'elle voulait : la chanson et… son chien ! Je me souviens d'un jour où je devais aller à la pharmacie et où j'ai emmené Elsa avec moi. Elle avait cinq ans et elle chantait de tout son cœur. Une dame s'est tournée vers moi – elle était professeur de chant –, elle m'a demandé quel âge avait Elsa, puis elle a déclaré : « Votre fille a une voix incroyable. Pour son âge, c'est étonnant et rare ! »

Si Elsa était…

Un animal : elle serait une colombe qui s'envole, pour la liberté et la paix.

Une plante : une rose, pour sa beauté et son parfum.

Un pays ou une ville : une belle ville au soleil. La mer, les coquillages… Honolulu, Hawaï ?

Un objet du quotidien : un téléphone ! Elle ne le quitte jamais : il nous permet de rester en lien tous les jours.

Un mot : amour.

Un film, un livre : *La Belle et la Bête*, parce que la Bête se transforme en prince charmant et devient aussi belle à l'extérieur qu'à l'intérieur.

Un super pouvoir : faire de la magie. Elsa le fait déjà…

Une créature légendaire : une fée.

Une chanson : « Le crime de s'aimer ». Cette chanson, c'est Elsa ! Il faut aimer, avant tout.

Un instrument de musique : une harpe, pour son élégance et ses mélodies.

Un fruit : une cerise. Je la revois, petite, se mettant de cerises en guise de boucles d'oreilles !

Une odeur : le parfum de cuisson des biscuits alsaciens à la cannelle que l'on préparait ensemble pour Noël.

Un bruit : le bruit du vent dans les arbres.

Une devise : Celle d'Elsa, « L'amour donne des ailes. Le tout c'est d'y croire pour s'envoler. »

Une émotion, un sentiment : la joie.

Un des cinq sens : le toucher. Peut-être surtout parce qu'en tant que mère, j'aimerais pouvoir toucher ses émotions.

Un personnage de fiction : si Noé était une femme, je verrais bien Elsa dans son arche avec tous ses animaux.

Une partie du corps : le cœur. Elle est trop gentille…

De coeur à coeur

Elsa, tu es quelqu'un de bien. Tu es belle et intelligente. Il faut que tu aies confiance en toi. Je suis fière de toi car je trouve que tu te construis une belle vie. Je te souhaite d'être heureuse dans les domaines que tu auras choisis et de trouver quelqu'un qui saura te donner tout l'amour que tu mérites. »

UN AMOUR DE CHIEN

Il s'appelait Itau et, moi, je l'appelais « mon petit frère ». Ce petit yorkshire au dos argenté a été mon complice, mon meilleur ami et mon confident pendant quinze ans. Tout a commencé quand j'avais cinq ans, lorsque ma mère est venue s'asseoir à côté de moi et m'a dit : « Elsa, tu es une grande fille, maintenant. Tu ne peux plus continuer à sucer ton pouce ou ta tétine ! Il faut que ça s'arrête ! » Bien sûr, je comprenais très bien ce qu'elle me demandait, mais c'était plus fort que moi, j'avais besoin de mon pouce… À court d'arguments, ma mère m'a proposé un marché : « Si tu arrêtes, je t'offre un chien. » En quelques mots, l'affaire était réglée : je rêvais tellement d'avoir un animal que j'étais prête à tout pour ça !

Itau était tout le temps avec moi. Dans ma chambre, on jouait sur le sol, au pied de mon lit. L'œil brillant, la tête haute, c'était un petit chien plein de vie. Je me souviens aussi de ses bêtises… À Strasbourg, chez ma grand-mère maternelle, il poursuivait les oiseaux du jardin. Il était difficile de l'arrêter, car, malgré sa petite taille, son instinct de chasseur ne demandait qu'à se manifester. Les yorkshires font partie des chiens ratiers, des animaux destinés autrefois à la chasse des rats dans les mines. Quand on avait le dos tourné, il lui arrivait aussi de grimper sur la table pour voler un peu de nourriture ; on l'attrapait la truffe dans le plat, ou on retrouvait juste une assiette vide. Mais, face à son petit museau rentré et à ses yeux si touchants, on était incapables de le gronder.

Plusieurs fois, j'ai eu peur pour lui… Un jour, j'ai cru qu'on l'avait perdu, mais il avait juste décidé de rendre visite aux voisins. Une autre fois, un scottish mâle l'a mordu alors que la toiletteuse qui s'occupait de lui régulièrement le présentait dans une émission de télévision. Après cet événement, il ne supportait plus les mâles et grognait quand l'un d'entre eux l'approchait.

Il est mort lorsque j'avais vingt ans. Il m'a accompagnée tout au long de ma vie, depuis l'enfance jusqu'à l'âge adulte, et m'a vue grandir. Je l'ai toujours considéré comme un membre de la famille. Lorsqu'il est parti, ça a été terrible ; j'avais l'impression de perdre une partie de moi. Il le sentait toujours quand ça n'allait pas, il me réconfortait et me protégeait. Un animal ne juge pas, ne critique pas ; il nous regarde avec les yeux de l'amour. Itau est mort dans mes bras en emportant tous mes secrets. À cet instant, je lui ai fait la promesse de ne pas reprendre de yorkshire mâle.

EDEN, MA FILLE

J'ai attendu quatre ans pour avoir de nouveau un chien. La mort d'Itau avait été trop douloureuse et je ne voulais pas le remplacer. Le début de ma vingtaine a été marqué par de nombreux changements, entre les études, les petits boulots, les voyages et le début de la vie active. Je ne pouvais pas infliger une telle instabilité à un animal. Et puis, le destin m'a fait comprendre qu'il était temps d'accueillir une nouvelle amie…

Vers l'âge de vingt-quatre ans, j'ai perdu ma grand-mère paternelle, et son compagnon, s'est retrouvé tout seul. Comme il souhaitait adopter un yorkshire mais se trouvait trop âgé pour s'occuper de l'éducation d'un chiot, il m'a demandé de l'aider à trouver un chien et de l'élever. Après la promesse faite à Itau, il était hors de question pour moi de reprendre un mâle, et j'ai donc cherché une femelle qui lui ressemblerait le moins possible. Il y a plusieurs types de yorkshires : ceux au dos argenté et au poil fin, comme Itau ; d'autres, noirs et dorés, toujours avec un poil fin ; et d'autres encore au dos noir mais au poil laineux. J'ai concentré mes recherches sur les derniers et j'ai eu un coup de foudre pour une petite chienne !

J'aurais dû m'en douter : en l'éduquant, j'ai créé avec elle des liens d'attachement très puissants, et, au bout de quelque temps, il était impossible pour moi de la lui laisser. Cette petite chienne, c'était Eden, mon Eden. Je me suis mise d'accord avec lui pour la garder, et cela fait déjà cinq ans qu'elle m'accompagne. Eden est d'une grande intelligence : elle comprend ce que je lui dis, retient des mots par cœur, reconnaît des musiques, elle repère même les animaux à la télé sans qu'ils émettent le moindre bruit. Dès qu'elle les voit, elle fonce devant le poste et se met à aboyer ! Autant vous dire qu'il est très difficile pour moi de regarder *L'amour est dans le pré* au calme… Depuis quelques mois, elle reçoit même du courrier et des cadeaux ! Elle est appréciée des gens qui me soutiennent et qui connaissent notre grande complicité.

Je n'ai pas encore d'enfant, mais je la considère comme ma fille : c'est mon bébé. Je prends soin d'elle et la gâte comme si c'était un petit être humain. Comme je la mets souvent en scène sur les réseaux sociaux, j'aime, lors des différentes fêtes qui ont lieu dans l'année, lui acheter quelques petits accessoires pour mes photos. Par exemple, pour Noël, je lui ai offert un déguisement de Père Noël rouge en velours avec une petite capuche à pompon blanc. J'adore aussi les petits sweats à capuche ; elle en a d'ailleurs un rose avec des ailes. Je lui mets également des bandanas ou des nœuds autour du cou.

Trois clips où Eden fait une apparition :

- Pour qui tu m'prends
- Le Doigt dans l'œil
- All I Want for Christmas Is You

ILS M'ONT DONNÉ MA *chance*

Si j'ai toujours travaillé dur pour atteindre mes objectifs, ma bonne étoile a fait en sorte que je croise sur ma route des personnes qui m'ont aidée et m'accompagnent dans cette belle aventure.

MON PORTRAIT PAR JEAN-LUC AZOULAY, MON PRODUCTEUR

« Au cours de ma carrière, je n'ai travaillé qu'avec des interprètes féminines : Sylvie Vartan dont j'étais le secrétaire quand j'avais dix-huit ans, puis Dorothée, Emmanuelle, Hélène…

Quand j'ai rencontré Elsa, j'ai tout de suite décelé en elle un potentiel très fort, aussi bien au niveau de la voix que du personnage. Je voulais introduire dans *Les Mystères de l'Amour* une histoire de chanteuse entourée de musiciens, une sorte de *revival* d'*Hélène et les garçons*. Elsa correspondait totalement au personnage que je cherchais. Elle était belle, élégante, elle chantait bien, elle avait ce petit plus qui est si rare à trouver chez les jeunes artistes.

En apprenant à la connaître et en écrivant des chansons pour elle, je me suis aperçu qu'elle n'était pas la jeune fille un peu cynique et rebelle que j'avais imaginée dans mon scénario, mais quelqu'un de beaucoup plus sensible, beaucoup plus tendre, beaucoup plus romantique que la Fanny originale. Il a toujours été important pour moi que les personnages que je crée soient en adéquation avec les comédiens qui les interprètent. J'ai donc fait évoluer le personnage de Fanny pour qu'elle prenne d'avantage la gentillesse, la douceur et le romantisme d'Elsa. La rencontre avec Christian, qui n'était au départ qu'une péripétie, s'est très vite imposée comme un événement majeur et a marqué un tournant dans l'évolution du personnage de Fanny. Ils allaient vraiment bien ensemble, et le public a très vite vu naître un couple mythique auquel il s'est attaché. Restait à passer le cap entre le personnage de Fanny et Elsa Esnoult, la chanteuse. Pour moi, le déclic s'est produit pendant la première séance d'enregistrement d'Elsa pour la série. C'était la première fois que je la rencontrais « en vrai ». Jusqu'alors, je ne l'avais vue qu'au travers des essais caméra des castings et des premiers rushs des épisodes qu'elle venait de tourner. Nous n'enregistrions que des petits bouts de chanson pour la série, mais j'ai été conquis par sa voix, sa personnalité et son interprétation. J'avais enfin trouvé une nouvelle artiste que j'avais envie de développer.

Le travail d'un producteur consiste à accompagner ses artistes, à leur donner confiance, à les rassurer, à les emmener au summum de leur potentiel. Elsa manquait de confiance en elle, il fallait lui faire prendre conscience de sa valeur. Mais c'était une véritable artiste : un être complexe et sensible, une jeune fille pleine de contradictions et de doutes. Pour que la relation fonctionne entre un producteur et son artiste, il faut forcément une grande complicité. Les deux sont les éléments d'un tout. Un artiste ne peut pas exister sans un producteur, mais un producteur ne peut pas exister sans artiste. Ils sont tous les deux associés dans une œuvre commune.

J'ai donc autant besoin d'Elsa qu'elle a besoin de moi. Par chance, nos univers sont à la fois très proches et très complémentaires. J'aime les chansons simples qui parlent à tout le monde, et Elsa en est une merveilleuse interprète. J'aime aussi son côté plus moderne et l'univers qu'elle transmet par ses chansons.

Dans cette relation de travail, elle m'apporte énormément et me surprend toujours agréablement dans sa façon d'interpréter les chansons que nous écrivons pour elle, Gérard Salesses et moi.

En tant que chanteuse, Elsa a un talent multiple : elle est très émouvante quand elle chante des chansons romantiques comme *Fidélité* ou *Parce que c'est toi*, pleine de dynamisme quand elle interprète des chansons drôles comme *Pour qui tu m'prends*. Et elle devient une vraie rockeuse quand elle chante *Le Crime de s'aimer*. Son avis compte pour moi, et je n'hésite pas à la consulter régulièrement quand je me pose des questions. Nous sommes très francs l'un envers l'autre et, bien sûr, parfois ça coince, et on se fait la tête. Mais ça ne dure jamais très longtemps ! Elle n'est qu'au début de sa carrière, et je peux vous dire dès maintenant qu'elle ira très haut… « Tout en haut », comme elle le dit si bien elle-même.

Elsa en 10 qualités

1. Elle a un véritable talent d'écriture et de composition.
2. Elle est aussi bien en mesure d'interpréter « Pour qui tu m'prends », une chanson pleine de légèreté et d'humour, que « Le Crime de s'aimer » où elle porte un texte engagé.
3. Elle est travailleuse, ponctuelle et ne se plaint jamais.
4. Elle est humble et elle garde les pieds sur terre dans un milieu où beaucoup prendraient la grosse tête.
5. En grande idéaliste, elle croit à l'amour fidèle et qui dure toujours ; nous débattons souvent sur le sujet car j'ai très peur qu'elle soit déçue.
6. J'aime sa fragilité et sa sensibilité. Je la trouve très touchante.
7. Il faut lui rappeler qu'elle a du succès auprès des hommes !
8. Sa passion des animaux… Elle est capable de tout arrêter pour caresser un chien ! Un jour, alors que nous étions partis à la montagne pour le tournage du clip de « All I Want for Christmas », elle a rencontré un petit chien et sa maîtresse dans un restaurant. Elle a tout fait pour l'avoir dans le clip… et elle l'a eu.
9. Elle est très perfectionniste et veut toujours bien faire. D'ailleurs, elle se met beaucoup de pression par peur de décevoir son public.
10. C'est une jeune fille éternelle. Physiquement, elle ne fait pas son âge et elle garde une jeunesse d'esprit qui m'épate !

Si Elsa était…

Un animal : elle serait… un chat.
Une plante : une rose.
Une ville : Paris.
Un objet du quotidien : un smartphone toujours connecté au wifi.
Un mot : j'hésite entre jolie et gentille.
Un film, un livre : *Les Malheurs de Sophie.*
Un super pouvoir : Elle est Superwoman parce qu'elle tient le choc !
Une créature légendaire : une licorne.
Une chanson : « Tu m'as donné ».
Un instrument de musique : la guitare.
Un fruit : une fraise.
Une odeur : la fraîcheur d'un pin.
Un bruit : un rire.
Une devise : « Tu crois vraiment que… ? ».
Une émotion, un sentiment : la tendresse.
Un des cinq sens : la vue.
Un personnage de fiction : Minnie.
Une partie du corps : le cœur.

Et demain ?

Elsa est devenue un pilier des *Mystères de l'amour* : on ne peut pas se passer d'elle. Côté musique, maintenant, c'est la tournée ! Avec une date dans la grande salle du Zénith de Paris et un quatrième album en préparation. Les projets ne manquent pas, je m'en réjouis. »

MON PORTRAIT PAR SÉBASTIEN ROCH, MON PARTENAIRE DE JEU

« Elsa est une jeune femme très solitaire, au monde intérieur riche. Je la trouve impressionnante par sa maturité. C'est une femme assez complexe car, d'un côté, elle est autonome et mûre, et de l'autre, elle vit dans un monde de pureté et de licornes. On pourrait croire à de la naïveté, mais Elsa apprend très vite les règles des jeux sociaux dans lesquels elle évolue. Elle incarne un mélange d'enfance et de féminité assumée qui lui confère une fraîcheur éternelle.

Je connais Elsa depuis six ans. En réalité, nous passons beaucoup de temps ensemble puisque nous tournons quasiment toujours tous les deux. Nous travaillons ensemble, nous voyageons ensemble ; nous partageons beaucoup de choses et nous sommes très proches ! Nous avons appris à nous connaître en voiture, sur les trajets qui nous conduisaient aux tournages. Du

haut de ses vingt-quatre ans, elle m'a écouté et m'a donné des conseils très justes. Je me souviens que, dès le début, je l'ai trouvée à la fois juvénile et mature. Nous avons parlé de nos vies respectives, et une belle complicité est née entre nous. J'adore discuter avec elle du métier qui nous unit, des vies que nous menons et qui sont si particulières. Aujourd'hui, j'estime que nous avons bâti une très belle relation d'amitié, de confiance et de respect. On se fait beaucoup de bien, à l'écart du jugement.

Dès le début, j'ai su que ça fonctionnerait entre nous. Lorsque je l'ai vue pour la première fois, Elsa tournait une scène à la campagne et elle était au milieu d'un groupe de jeunes. Je me souviens qu'elle portait un blouson en cuir noir et un jean de rockeuse. Elle m'a tapé dans l'œil ! Immédiatement, je me suis dit : « Whaou, cette fille a quelque chose ! » Son aura, son charisme, son tempérament et sa beauté m'ont subjugué. Étant donné que nos deux personnages sont dans la musique, très rapidement ils se sont rencontrés et sont sortis ensemble. Nous fonctionnons très bien tous les deux dans le travail et c'est assez magique car ce genre d'entente ne court pas les rues !

Lorsque Elsa est arrivée sur *Les Mystères de l'amour*, elle débutait dans le métier. Elle manquait d'expérience et elle était très bonne élève. Je lui ai montré qu'on pouvait travailler sérieusement tout en s'amusant. Immédiatement, je l'ai emmenée sur le terrain de l'humour car les journées de tournage sont longues : il faut savoir se détendre, sinon c'est invivable. D'année en année, Elsa est plus à l'aise et dévoile son côté rigolo. Des jeux de mots, des jeux d'esprit, des taquineries : tout y passe ! On s'amuse de tout tant que ça reste bienveillant.

Avec le temps, Elsa s'est affirmée et a appris à prendre de la distance. Elle manque de confiance en elle, mais je la trouve très forte ! Quand elle veut quelque chose, elle va jusqu'au bout, elle s'adapte et rebondit. Sous ses airs fragiles, c'est une force de la nature ! En ce moment, sa carrière évolue rapidement mais elle ne perd pas le nord. Je pense que ça la rassure de voir que ça fonctionne, mais elle reste fidèle à une humilité qui force l'admiration.

Anecdote...

Tomber le masque ?

Pour moi, elle se cache derrière le maquillage alors qu'elle n'en a pas besoin ! Elle est si belle au naturel ; je trouve que c'est dommage. C'est une femme épanouie qui assume pleinement sa féminité, elle devrait avoir plus confiance en elle.

Si Elsa était...

Un animal : elle serait... une licorne.
Une plante : un palmier, au soleil, sur une plage.
Un pays ou une ville : Paris ! Elsa est très parisienne !
Un objet du quotidien : un téléphone ; elle ne le lâche pas.
Un mot : amour.
Un film, un livre : *La Reine des neiges.*
Un super pouvoir : celui de tout peindre en rose quand elle arrive quelque part, de redonner des couleurs au monde.
Une créature légendaire : une sirène. Elle serait belle en sirène !
Une chanson : la bande originale de *La Boum.*
Un instrument de musique : une guitare.
Un fruit : un fruit de la passion car elle est très passionnée.
Une odeur : un parfum de fraise.
Un bruit : un téléphone qui vibre.
Une devise : « Je vous rappelle dans 5 minutes. Je ne peux pas vous parler : je tourne. »
Une émotion, un sentiment : la joie.
Un des cinq sens : le toucher. Elsa aime faire des massages, maquiller. Je la trouve très sensitive.
Un personnage de fiction : Elsa... dans *La Reine des neiges.*
Une partie du corps : les yeux.

De cœur à cœur

Je lui souhaite de se tenir à ses valeurs et de prendre du plaisir avant toute chose. Dans ce métier, plus on prend du plaisir, plus on en donne. »

Le mot DE...

Magda, styliste

« Quand on habille quelqu'un, on ne doit pas le transformer. On se rapproche de la réalité tout en prenant en compte le fait qu'il s'agit d'un costume. Lorsque nous travaillons avec Elsa, nous discutons beaucoup pour trouver la pièce qui lui conviendra. Je tiens compte de ses goûts, de sa morphologie, mais aussi du rôle qu'elle joue. Elsa a deux impératifs : elle a besoin de se sentir à l'aise et elle aime la mode. Elle est très ouverte, donc elle regardera toujours le vêtement sans se soucier de la marque. Elle aborde les choses avec beaucoup d'intelligence et de simplicité : l'essentiel est que ça lui plaise et qu'elle se sente bien dedans.

C'est une fille très actuelle qui assume sa féminité. Elle aime les strass, les paillettes, et a un style assez *college girl*, estudiantin. Mais elle a aussi un côté très rock. Le rock est un comportement, une attitude. Il lui suffit de porter une petite veste en cuir ou un jean un peu usé pour que se révèle cette facette de sa personnalité.

Elsa est une jeune femme qui m'a séduite par sa générosité et sa douceur. Dans ce métier où tout va très vite, j'ai vu arriver une jeune femme toute douce et gentille qui a de grandes qualités d'écoute. Elle m'a touchée droit au cœur et, à présent, je la considère presque comme ma fille. Elle a toujours un mot gentil, un regard adorable. Je n'ai pas pu rester indifférente à ce qu'elle dégage ! »

« Elsa est une jeune femme qui m'a séduite par sa générosité et sa douceur. »

Magda

Le mot DE...

Alain, coiffeur

« Elsa est un amour ! Elle est polie, gentille ; tout le monde l'adore ! Je la coiffe depuis son arrivée sur la série et elle a toujours fait preuve d'une grande gentillesse. Elle attend, avant tout, de se sentir bien dans sa peau pour pouvoir monter sur scène ou se soumettre à une séance photo. Elsa a des idées qui sont souvent très bonnes. Tout le travail consiste à rendre sa coiffure extrêmement naturelle en lui donnant du volume et de la matière. Jean-Luc Azoulay veut une Fanny la plus naturelle possible. Quant à Elsa, elle aime bien quand c'est un peu plus sophistiqué. Donc je travaille pour satisfaire les deux ! Quand Elsa passe entre les mains de Brigitte, sa maquilleuse, et les miennes, on lui crée un cocon rassurant avant de la lancer sous les projecteurs. C'est donc une étape importante de son travail où elle peut se recentrer et se détendre. »

«Elsa est un amour ! Elle est polie, gentille ; tout le monde l'adore !»

Alain

Brigitte, maquilleuse

« Je maquille Elsa ponctuellement, pour les clips et les séances photo. Elle sait très bien se maquiller elle-même, donc je m'occupe d'elle surtout quand elle est photographiée ou filmée de près. Cela nécessite un maquillage plus technique et plus long (entre 45 minutes et 1 heure). Il faut lui faire un teint frais, illuminer la ligne médiane, cacher les petites imperfections, travailler la paupière pour faire ressortir le magnifique bleu de ses yeux, retracer la forme de ses sourcils et ne pas oublier les mains et le décolleté. Dans ces situations, le maquillage est très important.
Elsa dit que lorsqu'elle est bien maquillée elle se sent à l'aise. Un maquillage sert, non pas à la transformer mais à la mettre en valeur… et en confiance. Elsa est un amour de fille ! C'est une grande gentille. Dans ce métier il est rare de rencontrer des gens aussi peu compliqués, prétentieux et capricieux qu'Elsa ! »

Alain

Brigitte

« Dans ce métier il est rare de rencontrer des gens aussi peu compliqués, prétentieux et capricieux qu'Elsa ! »

Brigitte

CEUX QUI ME soutiennent

Chaque jour, je remercie toutes les personnes qui me suivent, m'envoient leur amour et font de ma vie un rêve. Toutes celles grâce à qui je peux faire ce que j'aime et partager mes passions. Sans elles, je n'en serais pas là aujourd'hui. Sans elles, je ne serai pas là demain.

DE L'AMOUR AU QUOTIDIEN

La première fois qu'on m'a reconnue dans la rue, je me suis sentie toute bizarre. C'était une jeune fille qui me regardait depuis un petit moment et qui m'a demandé : « Vous êtes bien Fanny ? » Je n'ai pas su quoi répondre, et puis, bien sûr, je lui ai dit oui. Elle m'a dit qu'elle adorait la série, qu'elle m'adorait, elle m'a demandé si je pouvais lui signer un autographe… Je n'avais rien sur moi, elle a sorti un petit morceau de papier de son sac sur lequel j'ai signé, et on a fait des selfies. Elle semblait tellement heureuse… Je n'en revenais pas !

Maintenant, je peux l'avouer, il n'y a pas un jour sans qu'une personne me dise qu'elle adore mon rôle dans *Les Mystères de l'amour* ou tout simplement qu'elle aime mes chansons. Avant, on m'appelait toujours « Fanny » ; désormais, on m'appelle Elsa, et c'est une vraie satisfaction car je suis reconnue pour moi-même et non pour le rôle que je joue. Je pense que la musique y est pour beaucoup : elle me permet d'exister autrement qu'en tant que personnage fictif. Même si Fanny me ressemble sur bien des points, je préfère malgré tout que l'on m'appelle par mon vrai prénom !

Anecdote…

Un accueil chaleureux

Au fur et à mesure des années, j'ai constaté que ma renommée changeait l'attitude des gens. Je ne suis pas une superstar, mais je pense que le fait de passer à la télé impressionne toujours un peu ! Alors, quand les gens me voient dans la vraie vie, au restaurant ou dans un magasin, ils sont plus « gentils », plus polis comme s'ils me respectaient plus volontiers. C'est une sensation assez agréable, je dois le reconnaître !

DES MOMENTS PRIVILÉGIÉS

Les séances de dédicaces représentent des moments très importants pour moi. J'adore rencontrer les gens qui me soutiennent, ça me permet de mettre des visages sur des écrits. Quand je les vois en vrai, tremblants et émus, je me retrouve dans le même état qu'eux. Je n'aurais jamais cru pouvoir un jour susciter cet état émotionnel chez les autres, ni qu'ils seraient « autant à m'aimer » ! Ils sont ma bouffée d'oxygène. J'aime les serrer dans mes bras, j'aime les voir, ils me remplissent d'énergie positive et me donnent envie de me battre encore plus. Lorsque des personnes qui ont des problèmes de santé vous disent que vous leur redonnez goût à la vie, je vous assure que les larmes d'émotion coulent forcément. Chaque fois que je les retrouve, j'ai envie de tout leur donner, de les protéger. Les séances de dédicaces durent des heures ou en tous cas, autant qu'on me le permet. Toujours, on me comble d'amour, de cadeaux, de lettres, de fleurs. Je suis extrêmement soucieuse de ne rien perdre de ce que l'on m'a offert pendant la séance, alors je veille à ce que les vigiles prennent bien tous les sacs : c'est important pour moi. Et, quand je rentre chez moi, je n'ai pas assez de bras pour tout porter tellement j'ai de cadeaux ! On se met souvent à trois pour tout ramener chez moi...

DONNER AUTANT QUE JE REÇOIS

Quand je suis en tournage pour *Les Mystères de l'amour*, je fais souvent des snaps ou des Insta Stories – de courtes vidéos en ligne – pendant la journée. Je me filme juste avant de tourner une séquence, je montre les personnages qui sont avec moi et je poste la vidéo en m'adressant au public ; c'est un moyen de lui dire que je pense à lui et de l'emmener avec moi pendant cette journée de tournage.

Anecdote...

Surprise à la sortie

Un jour, Fabrice – assistant de production sur la série – m'a dit : « C'est incroyable, il y a de plus en plus de monde autour de toi ! Je suis impressionné. L'autre fois, il y avait une trentaine de personnes, et j'ai vu que c'était réellement pour toi qu'elles étaient venues, parce que d'autres comédiens sont passés devant eux et ils n'y ont pas prêté attention. Ils demandaient quand toi tu allais arriver et ils portaient des T-shirts avec ta photo dessus ! » Comment ne pas être touchée par ça ?

MA FAMILLE DE CŒUR

Je suis inondée de lettres et de courriers contenant des cadeaux. Le public qui me soutient est rempli d'amour et il me le montre au quotidien. Aux bureaux de la production, lorsqu'ils n'ont plus de place pour tout garder, ils me téléphonent et me disent qu'ils ont une caisse remplie de courrier que je dois venir chercher. Quand je le récupère, je prends le temps de lire chaque lettre, dans les moindres détails. Aucune ne passe à la trappe. Comme j'en reçois de plus en plus, il est évident que je mets plus de temps à répondre. Mais le faire compte beaucoup pour moi.

Dans ces lettres, certaines phrases reviennent souvent, par exemple : « je t'aime », « tu es ma chanteuse préférée », « mon personnage préféré dans *Les Mystères de l'amour* », « j'adore tes chansons », « c'est mon histoire ». Les gens qui me suivent se retrouvent dans mes chansons et ça crée un lien magique entre eux et moi. Il y a aussi des courriers plus durs qui me parlent de détresse, de souffrance et du fait que ma musique est une aide pour reprendre espoir et encaisser les coups durs de la vie. J'ai eu de nombreux courriers de ce type, et ils m'émeuvent beaucoup : quand j'ai l'impression que j'ai redonné goût à la vie à des personnes en souffrance, je me dis que ma mission est réussie. Je veux leur montrer que je peux les comprendre, qu'elles ne sont pas seules dans leur détresse et qu'il y a toujours de l'espoir.

Je réponds à chacun de mes courriers sans exception.

BIEN + QU'UN *objet*...

MON ANGE

Gigi, ma grand-mère paternelle, avait une figurine d'ange blanc qui trônait dans son salon à côté d'un miroir. Elle l'avait reçue en cadeau et je l'observais souvent : cette figurine me fascinait. J'ai voulu avoir mon ange à moi et ma mère m'en a offert un. Tout aussi blanc que celui de Gigi, le mien représente la pureté et le droit chemin. Je me sens protégée dans ma vie et, lorsque je vois que j'ai besoin d'aide, j'en appelle à des forces bienveillantes qui me regardent. Je crois en la vie après la mort, ou en tout cas au fait que l'esprit d'êtres qui nous sont chers puisse toujours veiller sur nous comme des anges. Ma figurine d'ange est aujourd'hui dans mon salon, et celui de ma grand-mère est dans ma chambre, près du miroir de ma coiffeuse. C'est comme s'ils représentaient ceux qui veillent sur moi depuis le ciel.

LUMIÈRE *sur...*

FIDÉLITÉ

Fidélité est une chanson qui figure dans mon premier album. Lorsque nous avons commencé à travailler sur cet album, Jean-Luc Azoulay m'écrivait des chansons rigolotes dans lesquelles je ne me retrouvais pas forcément. Ayant beaucoup d'admiration pour le parolier qu'il est, je l'ai mis au défi de m'écrire une chanson qui me ressemblerait davantage. Il m'a répondu que j'étais l'image même de la fidélité, et il m'a offert ce texte auquel je tiens beaucoup.

La fidélité est une valeur très importante pour moi : je trouve fondamental de montrer que ça existe toujours, et l'incarner dans une chanson est la façon dont j'ai choisi de le faire.

L'écriture de cette chanson coïncide aussi avec la transformation de Fanny dans *Les Mystères de l'amour*. À partir de ce moment-là, Fanny rencontre Christian et s'assagit. J'ai l'impression que c'est le moment où nous avons commencé à vraiment nous comprendre avec Jean-Luc Azoulay.

L'histoire de cette fille qui jure un amour éternel est si forte que plusieurs personnes m'ont écrit pour me dire qu'elles avaient passé la chanson lors de leur mariage.

« *Oh mon amour,*
Mon doux amour,
Aujourd'hui, je te promets
Qu'à tout jamais
Je n'aimerai que toi.
Rien que toi.
Oh mon amour,
Mon bel amour,
Ce serment
Je te le fais
Que je serai
À tes cotés
Pour toujours,
Pour toujours.
Je te jure fidélité
Pour toute l'éternité. »

Épilogue

Un avenir plein de projets

« *Chacun est maitre de son destin, c'est à nous de créer les causes du bonheur.* »

Le dalaï Lama

DÉFENDRE DES *valeurs* ESSENTIELLES

Je ne supporte plus de voir tant de souffrance, autour de moi et j'aimerais essayer, à mon niveau, de véhiculer des messages d'amour et de tolérance. Je me suis reconnectée à la panthère qui est en moi et je souhaite utiliser cette force pour entrer en rébellion positive. Je crois vraiment qu'on peut faire passer des idées par la chanson et la comédie, et je souhaite de tout mon cœur continuer de transmettre des messages d'union et d'amour contre les divisions et les guerres insensées. Il faut intégrer l'idée que les différences nous enrichissent et doivent nous enseigner la tolérance. Je tiens particulièrement à continuer d'écrire des chansons comme *Le Crime de s'aimer* dans lesquelles je peux défendre des causes qui me paraissent essentielles. Je suis fière de mon public, qui montre une grande sensibilité à l'égard des messages que je diffuse, et, si cela ne tenait qu'à moi, j'écrirais mon propre film pour inventer des personnages qui porteraient des messages d'amour. J'y travaille déjà à travers mes chansons !

AGIR POUR LA CAUSE ANIMALE

Les animaux occupent une telle place dans ma vie que j'aimerais de tout mon cœur m'engager pour les défendre. Lorsque j'étais enfant, je rêvais d'avoir suffisamment d'argent pour acheter des terrains sur lesquels je pourrais héberger des animaux et les mettre en sécurité. Par la suite, j'ai découvert à travers des reportages que des associations se déplaçaient pour venir en aide à des animaux maltraités. Au moindre soupçon de violence, elles vont sur le terrain. J'aimerais mettre mon esprit combatif au service de la cause animale et pouvoir à mon tour intervenir pour sortir ces êtres en souffrance des mains de ceux qui les malmènent. Je serais même heureuse de me servir de ma médiatisation pour parler au nom d'une association. Mon engagement de cœur a commencé depuis longtemps et désormais, je me sens prête à aller plus loin et à agir.

CHANTER, ENCORE CHANTER, TOUJOURS CHANTER

Je travaille déjà avec Jean-Luc Azoulay sur un quatrième album. L'écriture du livre, la tournée et les tournages de la série me prennent beaucoup de temps, mais j'en garde toujours pour composer de nouvelles chansons. Jean-Luc et moi avons déjà, à nous deux, composé huit chansons et nous aimerions retourner aux États-Unis pour les enregistrer lorsque l'album sera prêt. Je suis égale à moi-même donc il y aura des chansons d'amour et nous garderons l'atmosphère à la fois joyeuse et un peu plus grave des albums précédents. Il faut que chacun puisse se retrouver dedans.

MES *Secrets*

Un avant-goût du quatrième album

* *« J'effacerai tes larmes » est une chanson que j'ai écrite dans la même veine que « Le Crime de s'aimer ». Il eut question d'un amour envers et contre tout, plus fort que la haine.*
* *« J'ai fait tout ça pour toi » est un titre écrit par Jean François Porry et Gérard Salesses dans la lignée de « Tu m'as donné ».*

Si je le pouvais, j'aimerais également chanter en anglais car cette langue donne un tout autre rythme à la chanson que le français. Je tiens absolument à continuer en français pour communiquer avec mon public mais, dans mes rêves, je chanterais aussi en anglais ! Ma solution serait d'adapter mes chansons en anglais pour avoir deux versions.

TENTER L'AVENTURE DU CINÉMA

Je suis très heureuse de jouer dans une série mais j'aimerais élargir mon spectre de jeu et m'essayer au cinéma. J'ai envie de savoir comment on travaille dans cet autre monde de l'image. Le personnage de Fanny que je joue dans *Les Mystères de l'amour* me ressemble, mais je pense qu'au cinéma je pourrai explorer d'autres facettes de mon jeu. J'aimerais avoir la chance d'aborder des rôles plus sombres et torturés avec une intensité émotionnelle sans doute plus complexe à interpréter. Toucher le fond, se battre pour s'en sortir : voilà des nuances que j'aimerais ajouter à ma palette de comédienne. Incarner une justicière me plairait aussi beaucoup. Ayant moi-même vécu des expériences assez difficiles, ayant connu le rejet, la critique et la violence, j'ai envie de défendre celles et ceux qui n'ont pas développé les forces et les défenses que j'ai mis des années à faire grandir en moi. Rendre la justice serait donc une façon d'incarner mes valeurs à l'écran.

INCARNER UNE SUPERHÉROÏNE

Dans la continuité de la justicière, si je pouvais jouer dans un film américain de superhéros et incarner une « wonder woman » je serais la plus heureuse des femmes !

Si j'étais une superhéroïne...

* Je voudrais avoir le pouvoir de détruire ce qui fait du mal aux êtres vivants.

* J'aimerais avoir la force surhumaine d'écarter du revers de la main tous ceux qui agressent et attaquent.
* Je pourrais jeter des boules de feu !
* Je ferais apparaître tout ce que je désire.
* Je me téléporterais.
* Je pourrais devenir invisible.
* Et j'aurais les cheveux encore plus longs... (autant se faire plaisir)

ENFIN, FONDER UNE FAMILLE…

Je rêve d'une vie de couple : construire et évoluer avec l'homme de ma vie, avoir des enfants, des animaux, un foyer… un arc-en-ciel ! J'ai envie d'être heureuse dans une belle maison. Dans l'idéal, il y aurait un grand jardin pour laisser courir mes animaux, une chambre pour chaque enfant, de l'espace pour que chacun puisse avoir son indépendance et, dans mes rêves les plus fous : un studio d'enregistrement, un atelier de dessin et une piscine. Je tiens à ce rêve, et je n'y renonce pas !

MON AVENIR RÊVÉ EN MOTS

Ma lettre

« Le seul bonheur qu'on a vient
du bonheur qu'on donne. »

Édouard Pailleron

DE VOUS à moi

Jusqu'à présent, c'est vous qui m'avez écrit à travers vos nombreuses lettres, vos commentaires sur les réseaux sociaux, publics ou privés. Avec ce livre, j'ai voulu prendre la plume pour me confier à vous à mon tour en tentant de vous raconter mon histoire, ce que j'ai vécu, ce que j'ai ressenti, mes peurs, mes angoisses, mes déceptions, mes chances aussi... Je trouvais que je vous devais bien cela après tout ce que vous avez fait pour moi, en me soutenant de jour en jour, en me montrant tout votre amour... J'ai rêvé de ce moment depuis longtemps, ce moment où je pourrais faire passer des messages grâce à mes chansons ou à mon jeu de comédienne et véhiculer cette image de l'amour, de la tolérance et de la fidélité. Le respect de l'autre.

Quand je vous rencontre, j'ai l'immense bonheur de pouvoir échanger avec vous quelques minutes, toucher vos mains, vous prendre dans mes bras, voir vos yeux qui brillent et font pleurer les miens d'émotion. J'ai besoin de ces échanges avec vous car ils sont authentiques. Ils me reboostent à chaque fois plus. Quand je doute, vous êtes toujours là et vous me redonnez le sourire. J'ai envie de me battre pour vous, pour moi, pour notre histoire, celle que vous m'avez aidée à construire. J'espère que, dans ce livre, j'ai su trouver les mots pour vous faire comprendre à quel point vous êtes chers à mes yeux… Si le rêve continue, c'est bien sûr grâce à Jean-Luc Azoulay, qui m'a repérée et m'a donné ma chance, mais c'est surtout grâce à vous car vous lui avez montré qu'il a eu raison de me faire confiance et de croire en moi. Pour cela, je vous remercie infiniment…

La vie est cette chance formidable qui nous a été donnée à tous. Elle est plus ou moins compliquée à certains moments, c'est vrai, mais ce qui compte c'est d'essayer d'être heureux le plus possible, en profitant de ceux qu'on aime, en faisant les choses qui nous tiennent à cœur ou, au moins, en se donnant les moyens de le faire. En relativisant le plus possible et en se disant que rien n'est jamais définitif. Il faut s'accrocher quoi qu'il arrive, même si on a le sentiment d'avoir tout perdu… Je sais, c'est très dur de se dire cela quand on a envie de tout laisser tomber et qu'on n'a plus d'espoir, mais tôt ou tard la roue tourne et la vie nous redonne à chaque fois une nouvelle chance. Même si tout devait s'arrêter demain, je me dis que j'aurai eu au moins le bonheur de savoir ce que c'est que de vivre sa passion. Merci… merci d'être là pour moi depuis le début, merci pour tous vos messages d'amour et de soutien. Merci d'être ce que vous êtes.

Comme je le dis dans la chanson que je vous ai dédiée : Je vous aime…

Elsa

Remerciements

Tout d'abord, je voudrais remercier mes parents qui m'ont accompagnée jusqu'à présent dans tous les instants de ma vie. Ils ont toujours été là quand j'avais besoin d'eux et ne m'ont jamais laissée tomber. Je ne les remercierai jamais assez de tout ce qu'ils ont fait pour moi.

Merci à Jean-Luc Azoulay qui m'a donné ma chance et qui a cru en moi. Il m'a aidée à développer ma créativité et à prendre mon envol.

Merci à Ariane Carletti, qui m'a repérée. C'est grâce à elle que j'ai pu rencontrer Jean-Luc et que cette belle aventure artistique a commencé.

Merci à Sébastien Roch, qui m'a fait le beau cadeau de témoigner dans mon livre. Je le remercie également pour cette bienveillance et cette gentillesse qu'il a envers moi depuis le début des *Mystères de l'Amour*.

Merci à Dorothée qui me donne toujours de très bons conseils avec toute sa douceur.

Merci à Pilou, Nicolas, à mes amis de la fac et du Canada.

Merci à Magda, Jean-Manuel Dupont, Preston, Alain, Brigitte, Julien Cauvin, Ashley Hylbert, Didier Truffaut, Hervé Mitko, Pierre et Gilles, mes musiciens de Paris, Toulouse et de Nashville. Wagram Music, W Live.

Merci à Ilona, Edith, Souad et Vanessa qui m'ont encouragée et qui ont lu mon manuscrit. À Aurore qui m'a soutenue dans cette démarche d'écriture.

Merci à toute l'équipe de JLA Productions – Jacky Jackubowicz, Sidonie Jolimay, Angélique Le Goupil, Brice Duperrier, Michel Brugier, Luigi Calabrese, Renaud Burosse – qui m'ont permis de mettre en route la machine.

Un grand merci à toute l'équipe de HarperCollins, ma maison d'édition qui m'a fait confiance. C'est très agréable de travailler avec vous et je me sens entre de très bonnes mains. Mathieu Johann, Sophie Lagriffol, Léa Baubil, Emmanuelle Bucco-Cancès ont été d'une gentillesse incroyable et très à l'écoute de mes envies et de ce que je souhaitais transmettre à travers ce livre.

Et, pour finir, je voudrais vous remercier vous, lecteurs et lectrices, pour avoir eu l'envie de lire mon histoire. Vous m'avez tant apporté depuis le début.

Merci de me permettre d'écrire les pages de ma vie…
et merci d'en faire partie.

Crédits photographiques :

Tous les dessins présents dans l'ouvrage sont ceux de l'auteur, Elsa Esnoult.

P. 4 et 5 : © Julien Cauvin/Starface – p. 6 et 7 : © Julien Cauvin/Starface – p. 13 : © D.R. – p. 21 : © Hervé Mitko - p. 23 : © Lorena A. HICKOK, L'histoire d'Helen Keller, Georges Lemoine, Éditions Gallimard Jeunesse - p. 40 : © Andriy Blokhin/Shutterstock – p. 43 : © Alexandre Julien – p. 48 et 50 : © Les Mystères de l'Amour / JLA Productions – p. 51 : © Marion Huguenin – p. 54 : © Angélique Le Goupil/AWcreation – p. 56 : © Uladzik Kryhin/Adobe Stock – p. 60 et 61 : © Julien Cauvin/Starface – p. 66 et 67 : © Angélique Le Goupil/AWcreation – p. 73 : © Ashley Hylbert – p. 75 : © Patrick Rouchon – p. 76 : © Hervé Mitko – p. 77, 78, 79, 80 : © Angélique Le Goupil/AWcreation – p. 85 et 86 : © Michel Brugier – p. 93, 94, 99 : © Angélique Le Goupil/AWcreation – p. 101, 102, 104, 105 : © Julien Cauvin/Starface – p. 106 : © Ashley Hylbert – p. 108 : © apple2499/Adobe Stock – p. 113 : © Julien Cauvin/Starface – p. 119 : © nblxer/Adobe Stock ; © Molina/Adobe Stock – p. 126 : © skye torossian/Stocksy/Adobe Stock ; © preecha2531/Shutterstock – p. 127 : © Olena Boronchuk/Shutterstock – p. 128 : © Clip Amoureuse / JLA Productions – p. 129 : © Ashley Hylbert – p. 131 : © Didier Truffaut – p. 135 : © alexeysulima11/Adobe Stock ; © Kaspar Grinvalds/Adobe Stock ; © Matryoha / Shutterstock – p. 137 : © Marc LEVY, Où es-tu ?, Éditions Pocket – p. 142 : © Ashley Hylbert – p. 146 : © helivideo/Adobe Stock – p. 151, 153, 154, 155 : © Julien Cauvin/Starface – p. 156 : © 2018 Steve Granitz/WireImge/Getty Images ; © 2018 Pascal Le Segretain/WireImge/amfAR – p. 157 : © Corbis/Getty Images – p. 158 : © Tony Phipps/WireImage tony/Getty Images – p. 159 : © Corbis/Getty Images – p. 173 : © Julien Cauvin/Starface – p. 175 : © Angélique Le Goupil/AWcreation – p. 179 : © Les Mystères de l'Amour / JLA Productions – p. 180 : © Angélique Le Goupil/AWcreation – p. 183 : © Umberto Coen – p. 184 : © Julien Cauvin/Starface – p. 189 : © Eve Cosso – p. 191 : © izzzy71/Adobe Stock ; © NeydtStock/Shutterstock – p. 192 : © Hervé Mitko – p. 194 et 195 : © Julien Cauvin/Starface – p. 200 : © konradbak/Adobe Stock – p. 202 et 203 : © Julien Cauvin/Starface

Les photographies non référencées ci-dessus sont la propriété de l'auteur.

Si, malgré nos recherches, il nous a été impossible de retrouver les ayant-droit d'une image publiée, nous, HarperCollins France, nous engageons à conserver durant 3 ans un montant pouvant faire l'objet d'une reversion à toute personne apportant la preuve qu'elle est dépositaire des droits usuels de ladite image. Nous nous excusons par avance des erreurs ou omissions involontaires.

FSC
www.fsc.org
MIXTE
Papier issu de sources responsables
FSC® C009279

Édité par HarperCollins France
Achevé d'imprimer en Espagne par Graficas Estella en février 2019
Dépôt légal : mars 2019